강남 아파트 대신 비트코인에 미쳐라!
비트코인 2년 만에 흙수저 졸업했습니다.

강남 아파트 대신 비트코인에 미쳐라!

비트코인 2년 만에 흙수저 졸업했습니다.

제1판 1쇄 발행 | 2021년 5월 21일

지 은 이 | 박보혜
펴 낸 이 | 박성우
펴 낸 곳 | 청출판
주　　소 | 경기도 파주시 안개초길 18-12
전　　화 | 070)7783-5685
팩　　스 | 031)945-7163
전자우편 | sixninenine@daum.net
등　　록 | 제406-2012-000043호

ISBN | 978-89-92119-85-6 03320

※파본이나 잘못된 책은 바꿔 드립니다.

비트코인 2년 만에 흙수저 졸업했습니다.

강남 아파트 대신 비트코인에 미쳐라!

-10억에서 30억 자산을 만들기까지!

박보혜 지음

-10억 원에서 30억 원 자산을 만들기까지
100억, 1,000억도 불가능하지 않은 이유

최근 몇 년간 미친듯이 상승한 아파트. 아파트의 경우 그 특성상 최소 억 단위 물건에 대한 투자인 만큼 큰돈을 벌었다는 사람들이 많이 생겨났다. 그리고 그 이면에는 이러한 아파트 시장의 기회를 잡지 못한 것에 대해 배우자를 원망하고, 부모를 원망하는 사람들도 많이 생겨났다. 이것이 끝이 아니다. 지난 2020년 3월 코로나19 폭락장 이후 주식 시장은 이례없는 호황기를 맞이했다. 이를 통해서도 재미 좀 봤다는 사람들이 쏟아져 나왔다. 그럼에도 불구하고 나는 아파트 시장, 그리고 주식 시장 어느 쪽에서도 상승장의 혜택을 맛보지 못했다. 특히나 아파트의 경우 지난 2009년 꼭지에서 산 아파트값이 끊임없이 하락하는 고통을 겪었다. 그리고 지난 2016년 원금을 겨우 회복한 아파트를 남편을 설득해 도망치듯 던지고 나와 버렸다.

그러나 지난 2016년은 아파트 시장이 오랜 침체기를 겪고 불장으로 가던 초입이었다. 이후 팔고 나온 아파트는 내가 판 가격에서 2배 이상 올라 버렸다. 올라 버린 아파트의 기회비용을 생각하면 5억 원이 넘는 금액을 날려 버린 것이다. 그 자체만으로도 엄청나게 큰 절망감을 주었지만 그런 아파트를 팔자고 제안했다는 이유로 나는 남편의 원망도 함께 받으며 이중, 삼중의 고통을 겪어야만 했다.

똑같은 실수를 반복하지 않기 위해 참 많은 고민들을 했고, 새로운 기회를 찾기 위해 참 많은 사람들을 만나러 다녔다. 그리고 끊임없이 시도했고 멈추지 않았다. 그런 과정에서 날려 버린 기회비용만 해도 역시나 5억 원이 넘는다. 그러던 중 내게 나타난 것이 바로 암호화폐에 대한 투자 기회이다. 지난 2018년 폭락장 이후 이더리움(10만 원대), 비트코인(600만 원대) 투자를 시작으로 암호화폐 시장에 발을 들이게 된다. 그 이후 2년여 만에 비트코인은 당시 매수 금액의 10배 가까운 수익률을 나타내고 있다. 특히 비트코인과 함께 투자한 이더리움의 경우, 최근 400만 원을 넘으며 그 수익률은 무려 30배가 넘는다. 천만 원만 투자했어도 4억 원 이상이 되는 수익률.

이더리움 (ETH)	평가손익	
	수익률	3,482.33%

2020년 말부터는 이더리움과 비트코인에 비해 아직 많이 오르지 않았다고 판단되는 다른 알트코인들도 다양하게 투자했고, 불과 몇 달 만에 매입 금액보다 10배 이상 오른 것들이 몇 개나 생겨났다. 그렇게 암호화폐 투자로 나의 자산은 어느새 30억 원을 향해가고 있다. 1,000만 원이 안 될 때부터 사 모으기 시작한 비트코인이 지난 2021년 1월 5,000만 원을 넘어서는 것을 보면서 참 많은 감정들이 올라왔다. 한평생을 남이 다 올려놓은 시장에 들어가 물리고 손해보고 그야말로 투자의 호갱이로만 살았다. 그러나 포기하지 않고 다양한 기회들을 찾아다니던 중 남들이 다 사기라고 외면했던 초기 시장의 가치를 알아봤다는 이유로 꿈만 같은 수익률을 구경하고 있다. 아래는 비트코인 투자를 시작한지 1년 쯤 되던 해 페이스북에 끄적였던 글이다.

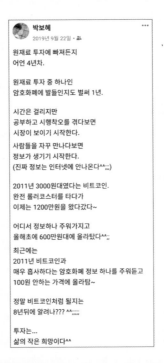

비트코인 2년 만에 흙수저 졸업했습니다.

지금 돌이켜보면 그 어떤 경험도 내게 무의미한 것은 없었다. 다양한 것들을 시도하는 동안 경험했던 수많은 실패들. 그 실패를 통해 알게 된 참 고통스러운 깨달음. 그것이 있었기에 나는 암호화폐 시장의 기회를 운명처럼 받아들일 수 있었다. 대단한 정보도 대단한 빽도 없는 내가 기관들도 다 들어오지 않은 이런 초기 시장에 진입해 있다는 것이 가끔 꿈만 같다. 지금 이 순간, 나는 포기하지 않고 끊임없이 달려온 내 자신을 정말 처음으로 진심을 다해 칭찬해주고 싶다.

"그동안 정말 수고했어!"

정말 소름끼치는 사실은 이런 수익률에도 불구하고 암호화폐 시장은 아직 시작도 하지 않았다는 것. 골드만 삭스 전임이사 라울팔은 최근 이런 말을 했다.

"암호화폐 시장은 앞으로 500배 성장할 것입니다. 투자자들은 앞으로 무슨 일이 벌어질지 그 변화의 크기를 감히 가늠할 수도 없을 겁니다."

이 말을 한 게 10년 전도 아니고, 5년 전도 아니고 최근 2021년 4월 16일에 한 말이다. 암호화폐 시장은 이제까지 성장한 것보다 앞으로 성장할 가능성이 훨씬 더 높은 '극초기 시장'이라는 의미이다. 비트코인 같은 경우, 대중들에게는 다소 터무니없이 비싸 보이는 7,000만 원이 넘은 시점에서도 금 시가총액과 비교를 하며 지금보다 최소 10

배 이상 더 간다는 전문가들의 의견이 쏟아지고 있다. 정말 그렇게 된다면 지금도 이미 10배 가까운 수익률을 나타내는 나의 비트코인 수익률은 앞으로 100배도 가능해진다는 얘기가 된다. 100배라 함은 천만 원만 투자해도 10억 원이 되는 수익률이고, 1억 원을 투자했다면 100억 원도 가능한 수익률이다. 이에 예전에는 100억 원이라는 자산을 모으는 것도 까마득했던 나는 1,000억 원의 자산을 만드는 것도 충분히 가능하다는 확신이 생겼다. 이것이 가능한 이유는 내가 특별한 능력을 가져서가 아니라 단지 내가 투자한 시장이 초기 시장이기 때문이다. 그렇다. 나는 이제서야 비로소 그토록 바래왔던 진정한 경제적 자유를 얻을 수 있다는 강력한 자신감이 생겼다. 아마 암호화폐 시장의 가치를 제대로 보게 된다면 내가 하는 말이 좀 더 현실적으로 와닿을 것이다.

"어제와 똑같이 살면서 다른 미래를 기대하는 것은 정신병 초기 증세이다."

세상에는 열심히 사는 참 많은 사람들이 있다. 그런데 모든 사람에게 똑같이 좋은 결과가 주어지지는 않는다. 그러고 보면 세상은 불공평하다는 생각이 든다. 나 역시도 그랬다. 어느 한순간 최선을 다하지 않고 살아본 적이 없음에도 불구하고 내가 마주하는 현실은 늘 참혹함 투성이었다. 그런데 예전과 지금은 전혀 다른 결과를 마주하고 있다. 남들이 다하는 방법이 아닌, 남들이 하지 않는 방법을 선택했기

비트코인 2년 만에 흙수저 졸업했습니다.

때문에.

《비트코인 2년 만에 흙수저 졸업했습니다.》는 암호화폐 시장에 대한 기술적인 이야기를 늘어놓는 책이 아니다. 내가 그러했듯 여러분 역시 그동안 알고 있었던 투자의 기준을 송두리째 바꿔놓을 인생역전 매뉴얼이라 이야기해주고 싶다. 경제적 자유를 간절히 바란다면서 남들 다하는 부동산, 주식 투자가 전부라고 생각하는 분들에게 이 책이 투자에서 남들과는 다른 안목을 가지게 만드는, 그래서 진정한 경제적 자유로의 로드맵을 그리는데 있어 큰 전환점이 되는 그런 책이 되기를 바란다.

2021년 5월

박보혜

세상에서 가장 빨리 부자되는 법,
암호화폐!

"지금이라도 투자해야 하나요?"

불과 작년까지만 해도 사기 논란이 끊이지 않았던 암호화폐 시장. 이제 점점 더 많은 사람들에게 관심을 받고 있다.

도대체 왜?

그것은 바로 여기저기서 암호화폐 투자로 인생역전 소문이 내 귀에도 들려오고 있기 때문이다. 아파트 시장이 그랬던 것처럼. 주식 시장이 그랬던 것처럼.

마음의 문을 열고 세상을 바라보면 실로 돈을 벌 다양한 기회가 존재한다. 그러나 인생역전의 기회는 그리 자주 오지 않는다. 암호화폐 시장은 그냥 큰돈 버는 시장이 결코 아니다. 인생역전이 가능한 엄청난 기회의 시장이다. 지난 2018년 말, 처음 비트코인의 가치를 깨닫고 투자를 시작한 즈음부터 내가 운영하던 인터넷 카페 그리고 강의를 통해 인연이 된 수강생들에게 비트코인을 전파하기 시작했다. 2019년 내 얘기를 듣고 투자를 시작한 어느 분은 1억 원이 좀 넘는 돈을 투자해서 현재 20억 원 가까운 자산을 만들었다. 심지어 온라인 강의를 통해 최근 공부를 시작한 많은 분들조차 겨우 몇 달 만에 그 어떤 투자에서도 구경하기 쉽지 않은 1,000%가 넘는 수익률을 경험하며 정말 신기해하고 있다.

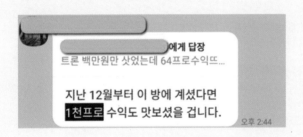

한편, 비슷한 날 공부를 시작했지만 이런저런 선입견 때문에 다른 분들보다 늦게 투자를 시작한 분들은 왜 빨리 투자를 시작하지 못했을까? 하며 엄청난 후회를 하는 분도 늘어나고 있다.

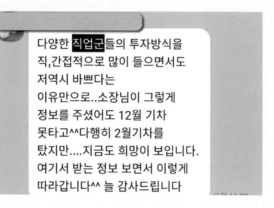

다양한 직업군들의 투자방식을 직,간접적으로 많이 들으면서도 저역시 바쁘다는 이유만으로..소장님이 그렇게 정보를 주셨어도 12월 기차 못타고^^다행히 2월기차를 탔지만....지금도 희망이 보입니다. 여기서 받는 정보 보면서 이렇게 따라갑니다^^ 늘 감사드립니다

아직도 암호화폐는 사기라고 생각하는가? 그렇다, 당연하다. 프린터 시장이 그랬고, 인터넷 시장이 그랬고, 스마트폰 시장이 그랬듯이…. 어떤 혁신적인 상품이나 서비스가 시장에 도입되는 초기 시장에서는 많은 사람들이 늘 낯설어하고 거부하는 모습을 보였으니까. 그래서 그 초기 시장의 가치를 제대로 알아보고 일찍 투자한 누군가는 인생역전의 기회를 얻는다.

지난 1970년대 개발을 계기로 이제 평당 수억 원을 넘어가는 강남 땅을 보며 많은 사람들이 아쉬움을 나타낸다.

'강남에 땅 한 평 있었더라면….'

그러나 여러분이 지금 암호화폐에 관심조차 두지 않는다면 저런 후회를 또 반복할지 모른다.

'비트코인 하나 사두었더라면….'

"그때 살 걸."

여러분들이 아직도 의심하고 망설이는 이 순간, 여기저기서 암호화폐로 인한 신흥 부자들이 쏟아져 나오고 있다.

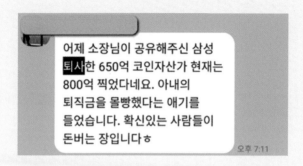

지난 몇 년간 미친듯이 상승한 아파트, 코로나19 폭락장 이후 이례없이 상승한 주식으로 인해 큰돈 벌었는가? 2021년 암호화폐 시장을 외면한다면 그동안 경험했던 아파트, 주식 시장과는 감히 비교도 되지 않는 엄청난 소외감을 느끼게 될 것이다. 다음은 인터넷 시장을 대표하는 IT 기업들의 주식 그리고 블록체인 시장을 대표하는 비트코인이 시가총액 1조 달러(약 1,200조 원)를 달성하는 데 걸린 시간을 비교한 것이다.

그렇다. 비트코인은 현존하는 어떤 투자와 비교도 되지 않을, 가장 빠르게 부자되는 도구이다. 이에 최근 암호화폐 투자를 시작하는 분들에게조차 나는 자신 있게 이야기한다.

"지금 시작해도 최소 10배 이상 먹을 수 있는 타이밍입니다."

지금도 많은 사람들이 암호화폐 시장에 대한 확신없이 아주 적은 자금으로, 단타로만 접근을 하며 '샀다 팔았다'를 반복한다. 누가 먼저 시작하느냐가 중요한 것이 아니다. 누가 먼저 제대로 알고 시작하느냐에 따라 그 결과는 극과 극으로 벌어질 수 있다. 경제적 자유를 원하는가? 2021년 암호화폐 시장의 기회가 제공하는 초고속 부의 추월차선에 지금 당장 올라타라!

차례

PART 1

초심자의 불행이 가르쳐준 **혹독한 투자 공부**

'처음 만난 투자 실패가 나를 더 크게 성장시켰다!'

PART 2

내 평생 한 번 올까 말까 한 **인생역전의 투자 기회**

'기회는 늘 왔지만, 인생역전의 기회는 자주 오지 않더라!'

PART 3

초기 시장에서 **꼭 확인해야 할 인간 지표**

'인간 지표를 보면 최고의 저점 매수 타이밍이 보인다!'

PART 4

암호화폐 시장이 주는 **인생역전의 기회를 내 것으로**

'아무리 좋은 기회도 실행에 옮겨야 진짜 내 것이 된다!'

PART 5 암호화폐 투자에서 실패하지 않는 **황금법칙 3가지**
'이것만 알아도 무조건 큰돈 번다!'

1970년대 강남 땅,
1990년대 닷컴 버블 기회를 놓쳤는가?
암호화폐 시장은 절대로 놓치지 마라!

PART
1

초심자의 불행이 가르쳐준
혹독한 투자 공부

'처음 만난 투자 실패가 나를 더 크게 성장시켰다!'

투자의 8할이
타이밍

Ⓑ

투자에서 가장 중요한 것은 타이밍이라고들 한다. 즉, 사고팔고 등 투자를 실행하는 시기를 말한다. 나의 경우, 결혼을 하고 아이를 출산하면서 20평 대에서 30평 대로 이사를 가게 되었는데 그때 처음으로 큰 대출을 일으키게 된다. 근데 그 시기가 소위 말하는 아파트 투자 시장에서 하락기가 시작되기 직전이었던 2009년. 이것이 나의 아파트 매수 타이밍이었다. 그때만 해도 아파트값은 계속 상승 중이어서 그냥 사기만 하면 당연히 오른다는 생각이 팽배해 있었다. 그래서 큰 대출을 일으켜 투자를 하는데 있어 고민 따위는 크게 하지 않았다. 아파트값이 계속 오를 테니 대출도 금방 갚고 더 큰돈을 만들어 대단지로 이사갈 수 있겠다는 희망을 품었다. 그러나 내 예상은 보기 좋게 빗나갔다. 아파트를 사고부터 아파트값

비트코인 2년 만에 흙수저 졸업했습니다.

은 브레이크 없이 떨어지기 시작했다. 대단지에서 아이들을 키우고 싶었던 나는 아파트값이 떨어지자 내 희망을 밟아버린 두 동짜리 나홀로 아파트가 너무 싫어지기 시작했다. 아파트값이 떨어지면서 나보다 1억 원이나 싼 가격으로 아파트를 장만해서 이사 온 이웃을 보며 괜히 배가 아프기도 했다. 그렇게 7년 정도의 끔찍한 시간들이 지나고 아파트값이 점차 회복하기 시작했다. 2016년 무렵 아파트값이 드디어 2009년 매수가에 도달했다. 리모델링 비용이며 대출 이자며 이런저런 비용을 따지자면 결국 손해였지만 아파트값이라도 건진 것에 만족하며 또 다시 2009년의 악몽을 겪고 싶지 않아 정말 도망치듯 아파트를 팔고 나왔다. 그런데 2016년으로 말하자면 본격적인 아파트 상승장이 시작되었던 초입. 그것이 나의 아파트 매도 타이밍이었다. 내 이야기를 보면서 참 재수가 없구나 생각할지 모르겠다. 실제로 나 역시 이런 내 모습을 보면서 참 운도 없구나 생각했던 적이 있다.

내가 생각하는 투자의 타이밍이란 크게 2가지로 나뉜다. 첫 번째는 상황에 의한 타이밍. 즉, 주변 상황에 의해서 투자를 고민하게 되는 타이밍을 말한다. 가령 나의 경우 결혼을 하고 아이를 출산하면서 좀 더 넓은 집이 필요한 상황을 만나게 된다. 그 타이밍이 하필이면 그동안 많이 오른 아파트 가격이 조정을 받기 직전인 2009년 이었던 것. 내가 아는 어떤 분의 경우 목동의 유명한 재건축 아파트에 이사를 하게 되는데, 아이가 초등학생이 되면서 더 좋은 곳에서 교육을 하고 싶었기 때문. 그런데 그 타이밍이 운이 좋게도 그동안 많이 떨어진 아파트 가격이 저점을 다지고 상승 기운을 모으던 2013년이었던 것. 이렇듯 투자에서 성공하기 위해서는 우선 상황에 의한 타이밍을 잘 만나는 것이 매우 중요하다.

두 번째는 판단에 의한 타이밍. 즉, 나의 의지에 의해서 투자를 고민하게 되는 타이밍을 말한다. 앞서 내게 좀 더 넓은 집이 필요했지만 지금은 너무 집값이 오른 상태니 당장 무리해서 집을 늘리는 것을 선택하지 않았더라면. 상황에 의한 타이밍이 좋지 못했을지라도 큰 손실이 발생하는 상황을 피해갈 수 있었을지 모르겠다. 혹은 7년 동안 마음고생을 시킨 집이지만 그 집 자체가 너무 좋아서 그냥 사는 것만으로도 만족했다면 집값이 떨어지든 말든 그냥 살기로 결심했을지도 모르겠다. 그래서 그 이후에 본격적으로 상승한 집값의 혜택을 고스란히 받았을지도…. 그러나 나는 손실의 경험을 준 그 집이 너무 싫었다. 더욱이 내 아이들이 맘껏 뛰어놀 곳 없는 나홀로 아파트에서 당장이라도 벗어나고 싶었다. 그래서 아파트 불장 초입에서 빨리 떠나기로 결정한 것이다. 이처럼 상황에 의한 타이밍이 아무리 좋았더라도 판단에 의한 타이밍이 좋지 못하면 그것 역시 큰 기회비용을 날릴 수 있는 것이다.

투자에서 흔히 기회라는 것을 잡으려면 이 2가지 타이밍이 잘
맞아 떨어져야 한다.

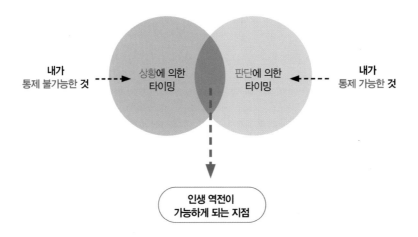

흔히 어떤 일에 성공하려면 운7기3이 필요하다고 한다. 앞서
말한 2가지 타이밍 중 상황에 의한 타이밍은 운7에 해당하고 판단
에 의한 타이밍은 기3에 해당한다. 그렇다. 상황에 의한 타이밍은
내가 통제할 수 있는 것이 아니다. 가령 가격이 언제 오르고 언제
내릴지는 신도 알 수 없는 일이다. 그러나 판단에 의한 타이밍은 내
의지로 통제가 가능하다. 가령 상황에 의한 타이밍이 좋지 못할지
라도 판단에 의한 타이밍에 의해 그 좋지 못한 타이밍을 피해갈 수
도 있고, 상황에 의한 타이밍이 좋을지라도 판단에 의한 타이밍에
의해 그 좋은 타이밍을 놓칠 수도 있다.

이것을 내가 암호화폐에 투자하게 된 계기에 적용을 해보자. 남들이 부러워하는 대기업을 미련 없이 그만둘 수 있었던 이유는 직장생활로는 절대로 내가 원하는 경제적 자유를 이룰 수 없다는 생각 때문이었다. 공부 잘해서 좋은 회사 다니는 게 전부인줄 알았던 나는 회사를 나와 할 수 있는 게 아무것도 없었다. 그래서 무작정 여러 강의들을 들으러 다녔고, 거기서 만난 사람들을 통해 또 다양한 사람들과 인연을 맺기 위해 노력했다. 그렇게 이런저런 투자 관련 정보를 듣다 만나게 된 것이 비트코인. 그때가 바로 2018년 폭락 이후 개당 500만 원 아래에서 한참 저점을 다지던 2018년 말. 시간이 지나서야 알 수 있었지만 그때는 정말 싸게 비트코인을 살 수 있었던 훌륭한 타이밍이었던 것이다. (상황에 의한 타이밍)

한편 그 당시 여러 가지 투자를 해보면서 늘 찾고 싶었던 초기 시장. 나는 '드디어 초기 시장의 투자 기회를 만났구나'라는 어렴풋한 확신이 들었다. 그리고 그때부터 비트코인을 조금씩 모으기 시작했다. (판단에 의한 타이밍)

내가 만약 아파트를 처음 투자했을 때처럼 2018년 폭등장에서 비트코인을 처음 만나(상황에 의한 타이밍) 투자를 결심했다면 (판단에 의한 타이밍) 나는 꽤 오랫동안 고통의 시간을 또 겪었을지 모르겠다. 혹은 비트코인이 저점일 때 알게 되었더라도(상황에

비트코인 2년 만에 흙수저 졸업했습니다.

의한 타이밍) 내가 꽤나 보수적이고 막힌 사람이라 다소 낯설게 느껴지는 투자를 하지 않기로 결정했다면(판단에 의한 타이밍) 역시나 나는 기회비용을 놓쳤을지 모르겠다. 그러나 암호화폐 투자의 경우 나에게 이 2가지 타이밍이 잘 맞아 떨어져서 좋은 기회를 살릴 수 있었다.

앞서 말했듯 상황에 의한 타이밍이 주는 기회는 내가 통제하기 어렵다. 언제 어디서 나를 찾아올지 모른다. 이에 그 기회를 지혜롭게 대응하기 위해서는 판단에 의한 타이밍을 잘 결합시킬 수 있도록 노력하는 것이 필요하다. 어떤 노력을 해야 하냐고?지금 당장 내가 할 수 있는 무엇이라도 일단 시작하라. 이런저런 경험들! 이로부터 파생되는 다양한 시행착오들이 쌓이고 쌓여 좋은 상황의 타이밍이 왔을 때 좋은 판단의 타이밍을 잡을 수 있는 훌륭한 밑거름이 되어줄 것이다.

억대 수업료로 알게 된
큰돈 버는 투자 원리

소위 꼭지라는 타이밍에 아파트를 사서 7년이라는 시간을 고통 속에 보낸 나는…, 다시 돌아온 불장 초입에 본전을 찾았다고 좋아하며 던지고 나서 이중 고통을 겪었던 나는…, 절대로 다시는 그런 실수를 반복하고 싶지 않았다. 아파트 투자에 대한 고통스러운 실패의 기억을 안고 나의 부동산 투자 공부는 시작되었고 그러던 와중에 만난 땅. 땅은 그동안 남들 다 하는 투자만 따라다녔던 내게 투자의 관점을 완전히 뒤집는 큰 전환점이 되었다. 수억 원의 수업료를 지불하면서 얻게 된 큰 수확. 그것은 투자에서 진짜 큰돈을 벌기 위해서는 '남들보다 싸게 사야 한다는 것'이었다. 이 말에 "그게 뭐야!"라며 실망할지도 모르겠다. 그렇다. 나는 어찌 보면 참으로 단순해 보이는, 그래서 누구나 쉽게 알 것 같은 이런 엄청난 사실을

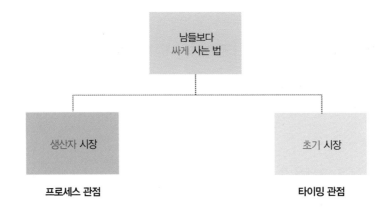

제대로 깨닫는데 정말 많은 돈과 시간을 들여야 했다. 그리고 남들보다 싸게 살 수 있는, 그래서 남들보다 큰돈을 벌 수 있는 중요한 2가지의 투자 원리를 찾아냈다. 첫 번째 원리는 프로세스 관점으로, 공급 프로세스 상에서 소비자가 아닌 생산자 쪽에 좀 더 가까워지는 것이다. 나는 이를 '생산자 시장'이라고 정의한다. 두 번째 원리는 타이밍 관점으로, 투자 시장이 성장하는 사이클 상에서 가급적 초기에 참여하는 것이다. 나는 이를 '초기 시장'이라고 정의한다.

생산자 시장

구체적인 사례를 통해 생산자 시장을 이해해보자. 부동산 투자의 하나인 아파트의 경우, 대부분의 사람들이 아파트를 매입하는 방법인 중개사를 통한 매매는 공급 프로세스 상에서 가장 '끝단에서 일어나는 일'이다. 사실 그 이전에는 여러 단계들이 존재한다. 가령 아파트가 만들어지기 위해서 가장 첫 번째 단계인 토지를 매입하는 것이다. 많은 사람들이 투자하는 아파트, 사실 알고 보면 땅 없이는 절대 만들어질 수가 없다.

한편 아파트가 거래되기 전까지 수많은 공급자들(시행사, 건설사, 중개사)이 중간에 끼게 되고, 그러는 과정에서 계속해서 마진이 붙여진다. 이런 의미에서 부동산 투자에서 가장 싸게 사는 방법은 바로 원재료인 땅을 사는 것이다. 아시다시피 재개발, 재건축 투자에서 다 쓰러져가는 건물의 가치는 거의 없다. 건물이 위치한 입지, 즉 땅의 가치에 투자하는 것이다. 이러한 이유로 신축 아파트를 사는 것보다 저렴한 값으로 투자하여 큰 수익을 얻는 것이다. 즉, 생산자 단계로 가까이 갈수록 그래서 싸게 살 수 있는 기회를 얻게 된다. 이에 생산자 단계로 가까이 갈수록 자연스럽게 큰 수익률을 볼 기회와 연결이 되는 것이다. 실제로 땅 위에 지어진 아파트의 경우 2~3배만 올라도 정말 많이 올랐다고 한다. 그러나 땅의 경우 평당 20만 원, 30만 원 하던 땅들이 주변으로 호재가 실현되면서 평당 100만 원, 200만 원 혹은 그 이상을 넘어가는 경우가 흔하게 일어난다. 그래서 5배, 10배도 아주 불가능한 일은 아니다.

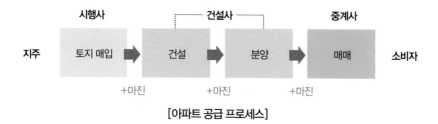

[아파트 공급 프로세스]

　　굳이 이렇게 땅까지 들어가지 않더라도 정도의 차이만 있을 뿐 부동산 투자에서 생산자의 영역은 다양하다. 가령 같은 아파트를 샀더라도 그냥 살기만 하는 사람은 소비자 단계에만 머물러 있는 것이다. 그러나 아파트를 누군가에게 빌려주면 그 사람은 생산자 단계로 넘어가게 된다. 그리고 이런 생산자 시장의 형태는 비단 부동산 투자에만 존재하는 것이 아니다. 주식 시장의 경우 역시 주식이 상장되기 전의 단계가 존재한다. 바로 '비상장 주식'이다. 비상장 주식은 상장 이전의 단계로, 상장된 주식보다 통상적으로 싸게 살 수 있어 생산자가 될 수 있는 기회인 것이다. 이것이 끝이 아니다. 여러분들이 읽고 있는 책, 출판 시장에서의 생산자의 단계는 바로 책이다. 책이 없이는 출판 시장이 굴러갈 수 없다. 이에 생산자 시장의 기회를 잡고 싶은 분들이라면 나처럼 책을 쓰면 된다. 또한 여러분들이 늘 소비하는 생활용품들, 유통 시장에서 원재료 시장의 기회를 잡으려면 무엇인가를 만들거나 혹은 그것을 판매하는 중간 단계의 쇼핑몰을 운영하면 된다. 이런 식으로 '내가 생산자가 될 수 있는 방법'의 관점에서 투자를 바라보면 그 기회는 실로 무궁무진하다.

초기 시장

이번에는 구체적인 사례를 통해 초기 시장을 이해해보자. 사실 우리는 그동안 많은 초기 시장의 사례를 누군가의 이야기를 통해 간접적으로 경험해 왔다. 그 유명한 1970년대 강남 땅은 부동산 시장의 초기 시장이었고, 1990년대 닷컴 버블은 인터넷 시장의 초기 시장이었다. 굳이 이렇게 먼 시간을 거슬러 가지 않더라도 초기 시장의 사례는 정말 많다. 지금은 너무도 핫한 테슬라 기업. 불과 몇 년 전 만해도 CEO인 머스크는 사기꾼 소리를 듣기도 했다. 그래서 테슬라 주가는 1만 원도 채 안하는 저렴한 주식이었다. 그러나 테슬라 기업의 가치가 제대로 부각되기 시작하며 주당 100만 원을 바라보는, 누구나 가지고 싶어하는 주식이 되었다. 이렇듯 초기 시장에 진입한 사람들은 싸게 살 수 있는 기회를 얻게 된다. 이에 생산자 시장과 마찬가지로 초기 시장에 진입한 사람들은 자연스럽게 큰 수익률을 볼 기회와 연결되는 것이다.

한편 이미 지나버린 초기 시장. 여기에 아주 쉽게 접근할 수 있는 방법이 있다. 그것은 바로 어떤 큰 사건으로 인해 투자 상품의 가치가 폭락하는 경우이다. 쉬운 예로 지난 2020년 3월, 코로나19 폭락장은 국내 주가 수준을 거의 10년 전으로 돌아가게 만들었다. 똑같은 주식을 10년 전 가격으로 살 기회를 얻은 것이다. 이는 마치 타임머신을 타고 초기 시장으로 돌아간 것 같은 효과를 주었다. 지난 2013년 즈음의 아파트 시장 역시 그랬다. 2009년 고점을 찍고 떨어지기 시작한 아파트 가격은 몇 년 전 가격으로 돌아가 있었다. 싸게 샀기 때문에 자연스럽게 큰 수익률을 볼 기회와 연결이 된 것이다. 실제로 투자를 통해 인생역전 스토리를 쓴 사람들 중에는 지난 1997년 IMF, 2008년 금융위기 그리고 2020년 코로나19 등 큰 사건으로 인한 폭락장에 베팅한 사람들이 많다.

세상에 돈을 벌 수 있는 방법은 많다. 그러나 인생역전이 가능한 기회는 생산자 시장 혹은 초기 시장에서만 가능하다. 이러한 생산자 시장 혹은 초기 시장에는 반드시 알고 있어야 할 공통점이 있다. 그것은 인생역전이 가능한 드라마틱한 수익률을 주는 대신 감당해야 할 대가가 있다는 것이다. 생산자 그리고 초기 시장은 많은 사람들이 관심을 가지는 시장이 아니다. 이런 시장으로 갈수록 정보가 별로 없다. 여기에 더해 나쁜 소문까지 돌거나 안 좋은 이슈에 휘말리는 경우도 많다. 이에 신문 기사에서 나오는 평가나 주변 사람들의 반응이 너무도 중요한 판단의 근거가 되는 대중에게 이런 시장은 불편하고 두렵고 피하고 싶은 시장이다. 내게 돈이 엄청나게 많았다면 나는 굳이 많은 사람들이 기피하는 이런 시장에 관심을 가질 필요가 없었을지 모른다. 그러나 돈이 없던 내게 수익률은 정말로 중요했고 그래서 이런 시장은 내가 그토록 바라는 경제적 자유를 만나게 해줄 강력한 희망으로 다가 왔다. 그래서 나는 생산자 시장과 초기 시장의 기회를 찾기 위해 끊임없이 노력하고 반복했다. 그리고 마침내 그 조건을 완벽하게 만족하는 암호화폐 시장을 만나게 되었다.

아파트, 주식 등 남들 다 하는 투자만 쫓아다니며 경제적 자유를 부르짖고 있는가? 어떤 투자를 하는가가 중요한 게 결코 아니다. 어떻게 투자하느냐가 훨씬 중요하다. 진심으로 경제적 자유를 원하는 분들이라면 남들보다 싸게 사는 것에 집중하라. 그리고 그 중심에 있는 생산자 시장 그리고 초기 시장을 꼭 기억하길 바란다.

돈을 잃는 것보다
더 두려워해야하는 것

지난 2014년 직장을 그만두고 돈을 벌어 보겠다고 이런저런 강의를 듣고 다닐 때의 일이다. 어느 마케팅 강의에서 강사님은 말했다.

"몇 달 후에 돈 벌 기회를 줄 새로운 플랫폼이 나올 거예요. 준비 열심히 하세요."

그렇게 나온 것이 바로 카카오스토리. 그 당시 직장생활만 열심히 해왔고, 블로그조차 해본 적이 없어, 온라인 시장에 대해서는 전혀 이해도가 없었던 나. 플랫폼이라는 용어도 너무 낯설었고, 새로운 무엇인가가 나온다는 것도 내게는 솔직히 큰 감흥으로 없었다. 지금은 인스타그램 등의 새로운 플랫폼 때문에 그 인기가 많이 식었지만, 그 당시 카카오스토리의 등장은 시장에서 그야말로 폭풍같은 변화를 일으켰다. 좋은 글과 이미지로 초기에 많은 구독자를 확보한 많은 채널들이 그곳에서 다양한 상품을 판매하며 큰돈을 벌었다. 내가 아는 분도 1만 명이 넘는 카카오스토리를 운영하며 한 달에 순수익으로 1억 원 이상을 벌었다. 새로운 플랫폼의 등장이 어떤 의미인지에 대해 확신이 부족했던 나는 정말 초기에 카카오스토리 여러 개를 개설했음에도 불구하고 적극적으로 구독자를 모으지 못했다. 그리고 나는 결국 큰돈 벌 기회를 그렇게 지나보내야 했다.

한편, 지난 2015년에는 어느 강의에서 이런 얘기를 듣게 된다.

"텍스트 시대를 지나 영상의 시대가 올 겁니다. 유튜브를 꼭 준비하세요."

네이버나 티스토리 블로그 등으로 인해 영상보다는 글에 익숙해져 있던 나를 포함한 많은 사람들. 그러나 그 당시 유튜브를 시작해서 정말 열심히 운영했던 지인은 현재 10만 명이 넘는 구독자를 보유하고 있으며, 한 달에 천만 원이 넘는 광고비를 벌고 있다. 텍스트에서 영상으로의 시대적 변화. 내가 현재 익숙한 것에만 머물지 않고 그러한 변화에 좀 더 예민했다면? 실제로 당시 유튜브 채널을 개설했음에도 불구하고 그다지 확신이 없던 나는 영상 몇 개

비트코인 2년 만에 흙수저 졸업했습니다.

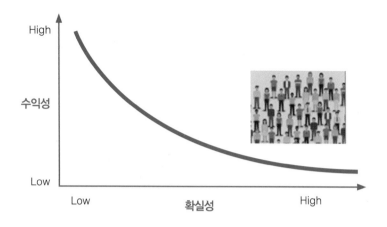

[기회의 확실성 증가에 따른 수익성 변화 그리고 많은 사람들이 관심가지는 타이밍]

만 올리고 방치하며 또 그렇게 초기 시장이 주는 큰돈 벌 기회를 놓치고 말았다. 유튜버로 인생역전을 이룬 수많은 사람들. 그중에 대도서관이라는 사람이 있다. 그냥 별 볼일 없던 백수였던 한 남자를 연간 수십억 원을 버는 유튜버로 변신하게 한 근원, 그것은 초기 시장을 선점했기 때문이다.

그렇다. 나는 내 앞에 찾아온 수많은 초기 시장의 기회를 기회라고 인식조차 하지 못했다. 이렇듯 투자 시장에서 기회라고 하는 것들은 '내가 기회요~' 라며 나타나지 않는다. 오히려 대부분의 기회는 매우 불확실한 모습을 하고 등장한다. 그래서 웬만해서는 그것이 기회인줄 알아채기가 쉽지 않다. 그래서 별로 관심을 보이지 않는다. 그리고 시간이 지나 그 기회로 돈 버는 사람들이 많아지고 그 기회에 대한 좋은 이야기들이 쏟아지며 확실한 모습이 되었을 때 그제서야 적극적으로 관심을 가지기 시작한다. 그러나 그때는 먹을 게 많이 없는 경우가 많다.

암호화폐를 대표하는 비트코인이 세상에 등장한지 이제 10년 정도가 되었다. 그럼에도 불구하고 아직도 많은 사람들이 이 시장을 믿지 않는다. 많은 사람들이 인정하고 관심을 가질 때? 그때는 초기 시장의 범위를 이미 넘어서 큰돈 벌 기회가 점점 줄어들게 된다. 주식이 그랬고, 경매가 그랬고, 많은 투자처들이 같은 전철을 밟아 왔다. 재테크 전문가로 알려진 시골의사 박경철. 이분은 지난 1993년 인터넷 시장이 본격화되기 전, 백수인 친구와 함께 www에 대한 강의를 들었다고 한다. 강사는 www가 부자로 만들어줄 수 있는 엄청난 기회라고 이야기했지만 대부분의 수강생들은 강의 도중 나가 버렸다고 한다. 그리고 자신과 함께 갔던 백수 친구만이 그것을 기회라고 여기고 적극 뛰어들어 지금은 삼성동의 큰 빌딩 주인이 되어 있다고 한다. 박경철 의사는 이런 얘기를 한다.

"정말 소름 끼치는 것은 분명히 똑같은 장소에서 똑같은 눈으로 똑같은 귀를 가지고 들었는데. 왜 나는 그것을 과대망상이라 여기고 vs 백수 친구는 그것을 인생을 걸고 뛰어들어야 할 기회로 보았는가 입니다."

비트코인 2년 만에 흙수저 졸업했습니다.

사실 기회라는 것은 눈앞에 있을 때는 잘 모른다. 참 슬프게도 기회란 시간이 한참 지나고 난 다음 비로소 '그것이 기회였구나!'를 알게 한다. 그래서 정말 많은 사람들이 지나간 기회를 떠올리며 그 기회를 잡지 못한 것을 후회한다.

지난 2019년, 내가 만난 어떤 분은 비트코인이 500만 원일 때 20개를 투자했다고 말하며 그 이유를 이렇게 설명했다.

"지금 암호화폐 시장은 기회라고 생각합니다. 어차피 잃어야 1억 원이지만, 비트코인이 정말 1억 원을 간다면 20억 원을 벌 기회가 있는 거잖아요. 저는 잃어버릴 것에 대한 두려움보다 벌 기회를 놓치는 두려움이 훨씬 더 큽니다."

내게 지금 이 순간이 너무나 감사한 이유, 그것은 내가 과거 숱하게 놓친 초기 시장의 투자 기회를 암호화폐 시장에서 발견했기 때문이다. 그렇다. 나는 지난 7년간 수억 원의 수업료를 내며 겪었던 수많은 시행착오를 통해 내 앞에 찾아온 이 기회를 기회라고 인식할 수 있는 엄청난 능력을 얻게 된 것이다. 여러분들은 투자에서 가장 두려운 것이 무엇이라고 생각하는가? 아마 많은 사람들이 돈을 잃는 것이라고 대답할 것이다. 그러나 내게 있어 가장 두려운 것은 내 앞에 찾아온 기회를 기회라고 인식조차 하지 못하는 것이다. 내가 예전에 수많은 기회를 놓친 것처럼. 알고도 선택하지 않는 것과 몰라서 선택하지 않는 것은 엄청난 차이가 있기 때문이다. 실제로 나는 비트코인 투자를 시작한 이후, 지난 2019년 즈음부터 주변에 있는 많은 사람들에게 비트코인 얘기를 해왔다. 비트코인 이야기에 대한 사람들의 반응은 2가지로 나뉘었다. 아예 들으려고조차 하지 않는 사람 vs 무엇인지 알아보려고 노력하는 사람. 소름끼치는 사실은 무엇인지 알아보려고 노력했던 사람 중에 비트코인 시장이 무엇인지 제대로 이해하고도 실행하지 않은 사람은 단 한 명도 없다.

이 기회가 지나고 나서
그것이 진짜 기회인줄 알고 후회할 것인가?
vs
이 기회가 내 인생을 바꿀 수 있는
엄청난 기회인지 알아보려고 최선을 다해 노력할 것인가?

새로운 도전의 이유,
이거 하나면 충분해!

ⓑ

직장생활을 좀 해본 사람들이라면 안다. 회사에서 따박따박 나오는 마약 같은 월급만 가지고서는 내 인생이 절대 나아질 수 없다는 것을. 그래서 누군가는 투잡으로 또 다른 수익원을 찾기도 하지만 돈과 시간을 맞바꿔야 하는 수입만으로는 여전히 내 인생을 바꾸는 데 한계가 있다. 그래서 지금은 예전보다 많은 사람들이 투자에 관심을 갖고 자신의 돈을 불려줄 투자처를 찾기 위해 애를 쓴다. 실제로 세상에는 정말 다양한 투자처가 존재한다. 그러나 이러한 투자처들에 관한한 불변의 법칙이 있다.

'로우 리스크, 로우 리턴'

'하이 리스크, 하이 리턴'

감당하려고 하는 위험이 작을수록 수익이 작아지며, 반대로 감당하려는 위험이 클수록 수익이 커진다는 투자 세계에서는 늘 따라다니는 세상 당연한 말이다. 세상에 위험을 좋아하는 사람은 없다. 너무나도 두렵기 때문이다. 그래서 많은 사람들이 가능한 위험하지 않은 안전한 선택을 하려고 노력한다. 원금이 보장되고, 수익률이 보장되고. 이를 만족시키는 투자처가 분명히 있다. 우리가 쉽게 접근할 수 있는 적금, 예금. 그러나 이런 투자처는 역시나 내 인생을 바꿔주지 못한다. 그럼에도 불구하고 지금 당장 얻을 수 있는 편안함 때문에 아직도 많은 사람들이 이러한 선택의 틀에서 벗어나지 못하고 있다. 나 역시 그랬다. 원금이 보장되는 틀 안에서 투자처를 찾으려고 애썼고, 대출을 통해 갚아야 하는 이자가 그렇게나 아까워서 돈이 생길 때마다 이자와 원금 갚기에 급급했다. 공부도 하지 않은 채 뛰어든 주식 시장은 내게 원금이 보장되지 않는 투자에 대한 두려움을 더욱 더 크게 만들었고, 그러한 투자처에 접근하지 못하게 못을 박는 역할을 했다.

이미 큰돈을 번 사람들을 만나 돈 버는 방법을 공부하면서 깨닫게 된 것 중 하나. 그것은 투자 시장에서는 누구나 두려움을 느낀다는 것. 다만, 두려움에도 불구하고 위험을 즐기려고 노력하는 사람만 있을 뿐이라는 것. 그것을 알게 되었다. 그리고 그것은 내게 큰 자신감을 심어주었다. 그동안 나는 이렇게 생각해 왔다.

'위험하면…위험하니까… 하면 안돼!'

그러나 큰돈을 버는 많은 사람들은 이렇게 생각하고 있었다.

'위험하지만…위험함에도 불구하고, 해보는 거야!'

　

상황은 똑같이 주어졌지만 어떻게 받아들이느냐에 따라 전혀 다른 행동 그리고 전혀 다른 결과를 만들어낸다는 사실을 뒤늦게야 깨달았다. 이후 나는 누구나 알고 누구나 편안하게 여기는 안전한 시장을 외면하기로 결심했다. 그리고 다른 사람들이 잘 모르고 다른 사람들이 두려워하고 염려하는 위험한 시장을 열심히 찾기 시작했다. 그렇게 찾은 투자처 중 하나가 바로 토지 시장. 부동산의 원재료로서 이것 없이는 건축 등 어떤 행위도 할 수 없는 정말 근본이 되는 시장. 그러나 많은 사람들에게 이 시장은 두렵고 막막한 곳이다. 신문 기사를 통해 돈 있고 힘 있는 누군가가 땅으로 투기를 했다는 얘기만 어렴풋이 전해 듣는 시장, 그곳이 바로 토지 시장이었다.

　

내가 이 시장에 매력을 느낀 것은 오로지 하나, 바로 수익률이었다. 건물 투자에서는 쉽지 않은 2배 이상의 수익률. 그러나 토지 투자에서는 평범한 수익률이었다. 그러나 토지 시장도 예전보다는 기대 수익률이 많이 낮아졌다. 개발이 많이 이뤄지기도 했고, 땅값이 예전보다 많이 올랐기 때문이다. 예전에는 100배도 가능했던 땅의 수익률. 이제는 감히 상상할 수 없는 넘사벽 수익률이 되었다. 아주 보수적으로 2배 이상을 기대하고 사야 큰 실망이 줄어들 수 있는 그런 시장이 되었다.

아직도 목마른 내게 나타난 또 다른 가능성. 그것이 바로 암호화폐이다. 토지 투자에서는 쉽지 않아 보이는 100배의 수익률. 그것이 암호화폐 시장에서는 가능해 보였다. 그런 가능성만으로도 내 가슴을 뛰게 하기에 충분했다. 어떤 새로운 도전을 할 때 많은 사람들이 확인하고 싶어 한다.

"그것을 실패한 사람은 얼마나 되나요?"

자신이 하지 말아야 할 아주 합리적인 이유를 찾기 위해서. 그러나 나는 어떤 새로운 도전을 할 때 이것을 확인한다.

"그것을 통해 성공한 사람이 있나요?"

내가 그것을 시도해야 할 이유, 그것은 바로 가능성이다.

현존하는 어떤 투자처도 100배의 수익률을 쉽게 이야기하는 그런 곳은 절대로 없다. 그런데 여기에 100배 혹은 그 이상의 수익률도 쉽게 이야기하는 투자처가 있다면? 내가 아는 어떤 분은 이런 얘기를 들려준 적이 있다.

"저랑 같은 일을 하는 분이 있었는데, 그때가 아마 비트코인이 1만 원 정도 할 때였죠. 이런 기회가 있으니 500만 원만 투자해 보자고. 그런데 저는 그냥 그 말을 흘려버렸고, 그때 제안을 했던 분은 그야말로 벼락부자가 되었더라고요. 사실 500만 원 정도는 없는 셈치고 던져볼만 했는데 말이죠."

그러면서 자신은 그때의 그 경험 때문에 누가 기회라고 하면, 그냥 넘어가지 않는 습관이 생겼다고 했다. 자신의 인생을 망가뜨릴 금액이 아니라면 조금이라도 발을 담그는 시도를 꼭 하게 되었다고. 나는 이렇게 비트코인으로 인생역전 한 사례들을 계속 접해왔다. 그래서 내게는 이런 가능성만으로도 도전해볼 충분한 매력으로 다가왔다. 어차피 모든 선택은 후회가 있는 법. 선택을 하든, 선택을 하지 않든 후회를 할 것이라면 차라리 선택을 하고 후회하는 것이 더 낫다. 뭐라도 남는다. 그것이 내가 투자를 대하는 방식이다.

큰돈을 벌려면
돈 냄새를 맡을 줄 알아야 한다

지난 2015년, TV에서 방영했던 드라마〈장사의 신-객주〉의 한 장면으로 객주인 이덕화가 장혁에게 큰돈을 버는 비법을 알려주는 내용이다.

장혁은 무릎을 꿇고 말한다.

"소인은 작은 돈 벌 재주는 있으나 큰돈을 만져본 적은 없습니다. 어떻게 하면 큰돈을 만질 수 있는지 알려주십시오."

장사로 큰돈을 벌어본 이덕화가 해준 이야기는 다음과 같다.

"돈 냄새를 맡을 줄 알아야 한다. 남들이 하지 않고 어려운 일을 하라. 그리고 그것에 목숨을 걸어라!"

이 짧은 영상을 보는 동안 그동안 경험해왔던 수많은 투자 경험들이 오버랩 되었다. 정말 그랬다. 돈을 좀 벌어본 사람들은 본능적으로 큰 자금이 유입되는 곳을 주목했다. 일례로 지난 2020년 코로나19 위기 이후 경기를 살리기 위한 대책의 일환으로 발표된 한국판 뉴딜정책. 2025년까지 160조가 투입되는 엄청난 규모의 프로젝트로 이 정책은 발표되기 전부터 이 사업에서 언급된 키워드와 연관된 수많은 종목들이 급등을 했고, 이로 인해 이런 종목에 투자한 사람들은 큰돈을 벌었다.

`NEWS`

한국판 뉴딜 160조 전례없는 투자...文 "190만 일자리 만든다"

6조 원이 넘는 재산을 보유한 것으로 알려진 전설적 트레이더인 폴튜터존스는 지난 2020년 12월 비트코인이 1천만 원 정도였을 때 다음과 같은 말을 했다.

"나도 전문가는 아니라 잘 모르지만 현재 주식 시장 크기가 90조 달러, 금 시가총액이 8~9조 달러임을 감안할 때 5천억 달러(544조 원) 수준의 코인 시장 시가총액은 너무 작습니다. 확신할 수 있는 것은 누구나 인터넷을 쓰고 있듯 20년쯤 흘렀을 때 우리 자손들은 모두 디지털 화폐를 쓰고 있을 겁니다."

그렇다. 큰돈을 벌어 본 사람들은 하나같이 이렇듯 돈이 움직이는 것을 민감하게 예의주시한다. 많은 전문가들은 초기 시장인 암호화폐 시장으로 유입된 자금은 현재보다 앞으로 유입될 예상 자금이 훨씬 더 클 것으로 예상하고 있다. 최근의 분위기를 지켜보고 있는 일부 유튜버들도 이구동성으로 이런 말을 한다.

"엄청난 돈이 암호화폐 시장으로 흘러들어올 것이다."

지난 2018년 폭락장 이후 처음으로 비트코인이 2천만 원을 돌파하고, 2018년 고점(원화 기준)인 2천 8백만 원을 향해가던 2020년 12월, 많은 사람들이 긴장하기 시작했다. 지난 2018년처럼 다시 폭락할 수 있다는 두려움 때문에 익절하고 현금화를 하겠다는 사람들이 많았다. 주변에서 너무 불안해 하니 나도 흔들릴 지경이었다. 너무 욕심을 부리다 익절을 하지 못해 후회하지 않을까 살짝 고민도 되었다. 그러나 이때 팔지 않고 보유해야겠다는 확신을 준 기사 하나가 있었다. 그 당시 마이크로스트래티지라는 나스닥 상장 기업을 필두로 일부 글로벌 기업들도 비트코인 투자에 조금씩 가담하는 분위기였는데, 이러한 분위기를 반영하여 글로벌 대형 투자 회사인 JP모건은 향후 비트코인의 추가 수요를 예상한 것이다. 그 금액이 무려 6천억 달러(약 675조 원). 그 당시 비트코인 시가총액은 400조 원이 조금 넘는 수준이었는데 비트코인 시가총액보다 훨씬 더 많은 금액이 예상 수요라는 것이 내게는 엄청난 확신으로 다가왔다.

'아~ 이 시장에 정말 큰돈이 흘러들어오는 구나!'

비트코인, 보험·연기금 추가 수요 6천억 달러 전망

엄청난 자금이 들어올 가능성이 있는 암호화폐 시장, 그러나 초기 시장이라 아직 그 자금의 아주아주 일부만 유입된 시장. 그럼에도 불구하고 이런 시장을 정말 그냥 구경만 하고 지나가도 괜찮겠는가?

없는 투자금도 만들어내는
확실한 방법

B

"대출이라도 받아서 투자해야 할까요?"

비트코인을 중심으로 암호화폐 가격들이 많이 오르는 모습을 보이자, 투자 관련 커뮤니티에서는 이런 말이 등장하기 시작했다. 가격이 쌀 때는 쳐다보지도 않던 사람들에게, 심지어 사기라고까지 이야기하던 사람들에게, 도대체 왜 이러한 변화가 생긴 것일까? 사실 대단한 근거를 찾을 필요도 없다. 그 근거는 가격이 올랐기 때문이다.

'영끌'

비트코인 2년 만에 흙수저 졸업했습니다.

주택담보대출, 신용대출 등 이런저런 방법을 써서 투자를 위해 돈을 마련하는 것을 영혼까지 끌어서 투자한다는 의미로 빗대어 쓰이는 말. 불과 5~6년 전만 해도 이렇게까지 인기가 없었던 아파트. 최근 몇 년간 아파트값이 미친듯이 상승하자 더 늦으면 안되겠다는 조바심에 아파트를 사려는 사람들이 많아졌다. 이중에서는 이미 많이 오른 아파트를 사기 위해 영끌하는 사람들도 많아졌다. 왜 사람들은 이토록 무리하게 아파트를 투자하려는 것일까? 그것은 아파트가 더 오를 것이라는 엄청난 '확신'이 생겼기 때문이다. 투자에서 가장 중요한 요소는 무엇일까? 많은 사람들이 투자에서 가장 중요한 것은 돈이라고 이야기할 것이다. 그렇다. 투자를 위해 돈은 반드시 필요한 것이 맞다. 그러나 제일 중요한 것이라고 볼 수는 없다. 왜냐하면 확신이 없으면 돈이 아무리 많은 사람도 투자할 수 없기 때문이다. 한편 확신이 있으면 돈이 없는 사람도 어떻게든 돈을 만들어온다. 앞서 말한 영끌처럼. 이것이 투자에서 확신이 주는 엄청난 위력인 것이다. 확신이란 도대체 뭐길래?

내가 만난 어떤 분은 지난 2018년 폭락장 이후 에이다라는 코인을 평단 60원 대에 약 3억 원이 넘는 돈을 투자한 직장인이었다. 개수로 따지면 무려 500만 개가 넘는다. 현재 에이다는 1천 원을 훌쩍 넘어섰고, 이분은 무려 2,000%가 넘는 수익률을 얻고 있다. 3억 원이 좀 넘게 투자한 돈은 60억 원이 넘는 엄청난 자산으로 바

꿨었다. 스테이킹 서비스(암호화폐를 맡기는 대신 이자를 받는 서비스)만으로도 연 5% 정도(약 3억 원 정도의 가치)를 얻고 있다니 참으로 부럽지 않을 수 없었다. 대부분의 사람들이 2배, 3배 수익만 봐도 팔고 싶은 유혹을 견디지 못한다. 또한 암호화폐 시장은 변동성이 워낙에 큰 시장인지라 익절(수익 상태에서 매도하는 것)이 자주 중요하게 언급이 된다. 그런 분위기에서 많은 사람들이 이분에게 묻는다.

"언제 파실 건가요?"

그러자 이분이 하는 대답은 이랬다.

"로드맵이 완성될 때까지는 지켜볼 생각입니다."

이분은 자신이 투자한 암호화폐의 가격이 아니라 가치를 보고 있었던 것이다. 이분이 에이다에 투자한 계기는 이렇다. 일의 특성상 일본에 자주 드나들 기회가 있었는데 그때 일본에서 에이다를 처음 알게 되었다고 한다. 그리고 이후 에이다에 관해 다양한 정보를 공부하게 되었고, 심지어 여러 나라에서 열리는 행사에도 참여하며 분위기를 살폈다고 한다. 실제로 이분은 에이다에 대한 정보를 누구보다 잘 알고 있었다. 그래서 누구보다 에이다에 확신이 생겼다고 한다. 결과적으로 보면 저점대비 20배 이상이 된 에이다를 보면서 사람들은 참 쉽게 말을 한다.

"아~그때 살 걸!"

그러나 다시 그 시점으로 돌아간다 할지라도 에이다에 대한 '확신'이 없다면 이분처럼 크게 베팅할 수 없을 것이다. 더불어 우연히 크게 베팅했더라도 이분처럼 오래 버틸 수 없었을 것이다. 실제로 에이다는 100원 안팎의 가격에서 긴 시간 횡보하면서 많은 사람들에게 욕을 먹었다. 심지어 가격이 오르지 않는 것을 참지 못해 에이다를 던지고 나가는 사람들도 정말 많았다. 앞서 언급한 스토리를 통해 여러분들은 확신이라는 것이 투자에 있어서 얼마나 큰 힘을 발휘하는지 느꼈을 것이다. 기억하라. 확신이 있어야 베팅할 수 있고 버틸 수 있으며, 정말 큰돈을 벌 수 있다.

"시드가 부족해서 아쉬워요."

내가 운영하는 암호화폐 관련 단톡방에서 이제 막 암호화폐 투자에 대한 기회를 인지한 사람들이 많이 하는 이야기다. 이런 이야기를 하는 분들에게 나는 이렇게 말해준다.

"확신하는 만큼 시드는 만들어질 겁니다."

투자를 할 때 사고는 싶은데 돈이 없다는 식의 이야기를 하는 사람들을 보면 공통점이 있다. 그들에게는 '확신'이 부족하다. 자, 생각해보자. 여기에 어떤 투자 상품이 있는데 그것이 앞으로 10배, 100배가 된다고 확신한다면? 과연 여윳돈으로만 투자할 것인가? 정말로 시드가 없다며 아쉬워만 하고 있을 것인가? 확신이 있다면 어떤 방법이든 찾아내기 시작할 것이고, 생각지 못한 방법들이 나타나기 시작할 것이다.

내가 아는 분은 이런 얘기를 들려주었다.

"제가 아는 학교 선배가 있는데, 작년(2020년) 초에 서울 집을 팔고 경기도 파주에 전세로 이사를 했더라고요. 일이 잘 풀리지 않아서 그런가 하고 연락을 해봤는데 암호화폐 투자에 집중하기 위해 다 정리했다고 하더라고요."

확신은 없는 돈도 만들어내는 엄청난 힘을 가졌다. 어떤 투자에 관심은 있으나 시드가 부족하다고 아쉬워하는 분들에게 말하고 싶다. 여러분들에게 지금 부족한 것은 시드가 아니라 확신이라고.

큰돈을 벌기 위해 확인해야 할 필수 조건

앞서 투자에서 확신이라는 것은 정말 중요하다고 강조했다. 단, 아무 때나 아무 곳이나 이 확신을 남발해서는 안 된다. 확신의 대상 그리고 타이밍이 매우 중요하다.

투자를 결심한 사람들이라면 꼭 알아야 할 아주 본질적인 투자의 성공 원리에 대해 이야기해보자. 가치 있는 것을, 싸게 사서, 비싸게 판다. 부동산, 주식, 암호화폐 등 여러분들이 선택하는 투자 대상이 무엇이 되었든 이러한 원리는 똑같이 적용된다. 이것만 철저하게 지키면 손해볼 일이 거의 없다. 그러나 이중에서 우리가 실제로 집중해야 할 것은 가치 있는 것을, 싸게 사는 것이다. 이 2가지 조건을 만족하는 투자 대상을 잘 고르면 비싸게 파는 것은 알아서 해결이 된다.

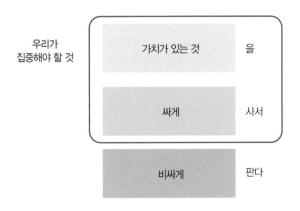

[모든 투자에서 성공하는 원칙 3가지]

　이에 이 2가지 조건을 만족하는 투자 대상을 찾기 위해 대부분의 에너지를 충분히 쏟아부어야 한다. 바로 이 2가지가 제대로 만족된 상태에서 확신이라는 것이 강력하게 합쳐졌을 때 드라마틱한 결과를 만들어내는 것이다. 그러나 대부분의 사람들은 이 2가지에 대해서 충분히 노력하지 않고 오로지 '3) 비싸게 팔아' 수익을 보는 것에만 집중을 한다. 막상 사고 나니 가치에 대한 확신이 없어서 혹은 너무 비싸게 산 것 같아서 불안해지기 시작한다. 그래서 더 낮은 가격에도 추가 매수를 할 수 없고, 손해에 대한 불안함을 견디지 못하고 결국 손절할 확률이 높아지는 것이다.

비트코인 2년 만에 흙수저 졸업했습니다.

최근 투자 관련 일을 하는 지인이 이런 질문을 했다.

"아파트, 상가, 땅 중에서 뭐가 제일 수익성이 좋나요?"

이분에게 나는 이런 대답을 했다.

"그 종류가 무엇이냐가 특별히 중요한 것은 아닙니다. 그 종류가 무엇이든 가치 있는 것을 얼마나 싸게 샀느냐가 수익률을 결정합니다."

일전에 내가 만난 어떤 분은 지난 코로나19 폭락장 때, 500만 원 정도하던 비트코인에 2억 원 정도를 투자해서 40개를 모았다고 했다. 이후 비트코인이 5천만 원을 넘어서며 이분의 투자금은 20억 원으로 불어났다. 암호화폐를 잘 알지도 못하는 이분이 어떻게 큰 금액을 투자할 수 있었는지 물었더니 이렇게 대답했다.

"저한테는 2가지 관점에서 확신이 있었어요. 비트코인은 없어지지 않을 것 같다. 그리고 저점이다."

정말 단순한 이유지만 이분의 행동은 앞서 말한 투자에서 성공하기 위한 2가지 전제 조건인 '1) 가치있는 것을 2) 싸게'라는 조건과 잘 부합된다.

많은 사람들이 투자 대상에 대한 고민을 진지하게 하지 않고 남들이 다 좋다는 것을 따라한다. 여기에 더해 많은 사람들이 가격이 오르는 것을 보고 그때서야 확신을 남발하며 결국 무리한 투자를 결심한다. 가격이 오르기 전에 찾아내야 할 '가치'가 아닌, 그 가치가 반영된 '가격'을 보고 확신을 얻으려고 하기 때문이다. 그래서 대부분의 사람들에게 투자라는 것은 확률적으로 손실을 볼 가능성이 높은 대상으로 인식되는 것이다. 기억하라! 여러분들이 투자에서 큰돈을 벌고 싶다면 가장 집중해야 하는 2가지. 그것은 바로 가치있는 것을 싸게 사는 것이다.

투자에서
희소가치 = 돈! 돈! 돈!

투자 상품의 가치라는 것을 논할 때, 희소가치를 빼놓고 말할 수가 없다. 그만큼 희소가치는 투자 상품의 가치를 올리는 데 있어 중요한 역할을 한다. 강남 아파트가 그토록 인기 있는 이유, 그것은 대한민국에 좋은 학군과 고급 일자리를 동시에 만족시키는 곳이 많지 않기 때문이다. 이는 결국 공급과 수요의 법칙과 밀접한 관련이 있다. 즉, 공급보다 수요가 많은 경우(공급 < 수요) 가격은 올라갈 수밖에 없다.

가령 아파트의 경우, 같은 지역이라 할지라도 역세권 아파트(역에서 가까운 아파트)는 그렇지 않은 아파트보다 훨씬 비싼 가격을 주고 사야 한다. 역에서 가까운 아파트는 한정되어 있기 때문이다. 주식의 경우도 다르지 않다. 같은 제약/바이오 관련 주식이라 할지라도 코로나19 치료제/백신과 조금이라도 관련이 있는 주식들은 며칠 만에도 몇 배가 뛰어 버린다. 이것 역시나 코로나19 치료제/백신을 만들 수 있는 회사는 한정적이기 때문이다. 이렇듯 희소가치가 그 가치를 올려주는 사례는 비단 부동산, 주식 같은 투자 상품에 국한되지 않는다. 유명한 회사들이 콜라보를 통해 한정판으로 내어놓는 소비재 역시 출시 후 얼마 되지 않아 높은 프리미엄이 더해져 거래가 된다.

NEWS

"수익률 1000% 스니커즈 뭐길래" 롯데·무신사·네이버까지 진출

'아는 만큼 보인다.'

투자에서 앞서 말한 희소가치를 이해하면 정말 다양한 영역에서 투자 기회가 보이기 시작한다. 절판된 책이 왜 더 비싸게 팔리는지, 한정판 레고가 왜 더 비싸게 팔리는지 너무나 잘 이해가 갈 것이다. 그래서 누군가는 이러한 희소가치를 활용하여 돈을 번다. 이를 암호화폐 시장의 대장주라 불리는 비트코인에 대해 적용해보자. 만약 비트코인이 무한정 발행되는 것이었다면 투자로서 가치가 있었을까? 비트코인의 총 발행량은 딱 2,100만 개로 한정되어 있다. 2020년 3번째 반감기를 지난 비트코인의 발행량은 약 1,850

만 개 정도이고 이마저도 투자자들의 장기 보유 물량이 많아 실제로 유통되는 양은 이중 15% 정도(300만 개)에 불과하다고 한다. 비트코인 거래는 전 세계에서 가능하고, 전 세계 인구가 약 77억 명임을 감안할 때 수요대비 공급이 매우 적다는 것을 알 수 있다. 실제로 이러한 희소가치는 비트코인의 가치를 높이는 데 큰 역할을 하고 있다.

초기 테슬라의 가치를 알아 보고 큰돈을 번 것으로 유명한 미국의 자산운용사, 아크인베스트먼트는 최근 이런 예측을 했다.

"미국의 모든 기업이 현금의 10% 가량을 비트코인에 넣으면 개당 가격이 20만 달러 이상(약 2억 2천만 원, 환율 1,110원 기준)이 될 것이다."

공급은 한정되어 있는데 수요가 증가하게 되면 비트코인의 가격은 올라갈 수밖에 없다는 것이다. 참고로 2020년 기준, 미국 인구의 10% 정도가 비트코인을 보유하고 있다고 한다. 만약 지금의 금처럼 비트코인이 집집마다 하나쯤 갖고 싶은 대상이 된다면? 공급대비 수요는 폭발적으로 증가할 것이다. 기관과 함께 개인까지 비트코인을 사고자 하는 수요가 생긴다면 비트코인의 가격은 사실 얼마가 될지 가늠할 수조차 없다.

비트코인의 실사용 여부를 논하며 그 가치를 폄하하는 사람들이 여전히 많다. 그러나 사실 그런 것은 별로 중요하지 않다. 총 발행량이 2,100만 개 뿐인 비트코인. 그중 일부를 보유하고 있다는 것은 마치 금을 가지고 있는 것과 비슷한 느낌이다. 비트코인 시장을 연구하는 누군가가 그런다.

"당신이 비트코인 1개를 보유하고 있다면, 전 세계에서 3% 안에 들어갈 겁니다."

NEWS

비트코인 주소 97%, 비트코인 1개 이하 보유

비트코인을 디지털 금이라고 이야기하는 이유, 바로 이러한 희소가치에 의한 투자 가치 때문일 것이다. 가치 있는 투자 상품을 찾고 있는가? 희소가치를 꼭 기억하라!

인생역전의 수익률을 원한다면
반드시 갖춰야 할 능력

지난 2016년 불장 초입에서 내가 아파트를 팔기로 결심했던 건 솔직히 많이 조급했기 때문이다. 부동산의 조정기를 큰 사이클에서 상승하기 위한 일부로 받아들이고 느긋함을 가졌다면 떨어지는 집값을 보며 그렇게 불안하지 않았을 것이다. 혹은 집값이 이제 막 회복하려는데 또 떨어지는 경험을 할까봐 불안해 하며 그렇게 도망치듯 던지고 나오지 않았을 것이다. 그러나 내게는 아이가 어릴 때 마음껏 뛰어놀 수 있는 대단지 아파트로 빨리 이사가고 싶은 조급함이 있었다.

한편 나는 이런저런 투자를 시도하던 중 지인의 강력한 추천으로 주식 단타라는 것을 시도한 적이 있었다. 지인이 단타로 매일 큰돈을 버는 모습을 보며 나도 저렇게 되고 싶다는 마음에 거의 8개월 가량을 정말 집중했던 적이 있다. 그럼에도 불구하고 큰 손실을 냈는데 그 원인은 다음과 같다.

　* 충분한 공부가 되지 않은 상태에서 큰 시드를 투자했다.
　* 이미 많이 오른 주식을 추격 매수하기를 반복했다.
　* 한번에 모든 투자금을 쏟아붓는 몰빵 투자를 했다.

주식으로 빨리 돈을 벌고 싶었던 나는 정말로 급했다. 100만 원 정도만 가지고 몇 달을 충분히 연습해야 하건만 그 시간이 너무 답답해서 처음부터 1천만 원, 2천만 원을 투자했다. 1천만 원을 가지고도 분산해서 들어갔으면 손실이 나도 물타기(더 낮은 금액에서 사는 것)를 해서 익절할 기회를 얻을 수 있었을 텐데. 고생 없이 한번에 큰돈을 벌고 싶어 천만 원 단위 금액을 한번에 툭툭 집어넣었다. 조급한 투자에 대한 대가는 참으로 가혹했다. 몇 달간 수천만 원을 날렸다. 그냥 가만히 두어도 돈 버는 상승장에서 끊임없이 사고팔기를 하며 손실이 더욱 부풀어만 갔다. 다들 돈 버는 상승장에서 잃는 경험, 여기서 오는 소외감이 몇 곱절로 고통스러웠다. 그러면서도 어쩌다 버는 날에는 그 짜릿함에 언젠가는 매일 이렇게 수익을 내면 큰돈을 모을 수 있을 거라는 생각과 조급한 마음으로 만들어진 나쁜 습관을 멈추지 못했다. 그러나 이제는 안다. 어쩌다 벌

비트코인 2년 만에 흙수저 졸업했습니다.

었던 그 날은 그냥 운이었다는 걸. 정확한 매수 매도 타이밍은 신도 모르는 것인데 초보인 내가 뭐라고 그 타이밍을 맞출 수 있다고 착각을 했을까?

지금 암호화폐 시장에서도 단타로 접근하는 사람들이 정말로 많다. 최근 암호화폐 관련 커뮤니티에는 오늘은 얼마를 벌었다며 자랑하는 인증 글들이 쏟아진다. 어떤 암호화폐로 크게 익절하고 갈아탈 다른 암호화폐를 끊임없이 탐색하는 사람들. 이들의 공통점 역시 많이 조급하다는 것이다. 예전 같으면 지금 당장 보여지는 수익이 정말 부럽다는 생각이 들었을 것이다. 그런데 이제는 오히려 저렇게 한두 번 벌다가 한순간에 모조리 잃을 텐데 하며 안타까움마저 든다. 주식 단타를 하며 단타의 한계를 너무나 뼈저리게 느꼈기 때문이다. 또한 저점에 매수해서 진득하게 기다렸던 것이 그동안 수없이 사고팔기를 반복했던 사람들보다 수익률이 월등히 높을 수 있음을 경험했기 때문이다. 이런 엄청난 초기 시장에서 단타를 쳤으면 어떻게 되었을까? 생각만 해도 끔찍하고 또 끔찍하다.

내가 투자했던 암호화폐 중 하나는 2019년 100원에서 시작을 했다가 최근까지도 20원 아래를 벗어나지 못했다. 이 암호화폐를 투자한 사람들이 모인 커뮤니티에서는 그야말로 쌍욕이 난무했다. 다른 암호화폐는 5배, 10배씩 오르는 상황에서 그 소외감이 극에 달한 사람들 중에는 200만 개가 넘는 것을 10원 대에 손절(손해보고 매도하는 것)하고 떠난 이도 있었다. 그랬던 이 암호화폐는 최근 최고점 기준으로 300원을 넘었다. 나의 경우 지난 2019년 60원 정도에 첫 매수를 한 이후, 계속 분할 매수를 하여 평균 단가가 20원 대까지 낮아졌고 그래서 1,000%가 넘는 수익률을 맛볼 수 있었다. 내가 한 것이라곤 그 암호화폐에 대한 투자 근거를 끊임없이 찾으면서 떨어질 때마다 꾸준히 조금씩 더 샀던 것 밖에는 없다. 그럼에도 불구하고 1천만 원 정도의 투자금이 어느새 1억 원이라는 돈으로 불어나 있었다. 1천만 원을 가지고 단타로 사고팔고를 반복하면서 9천만 원이라는 수익을 올리는 사람이 얼마나 될까?

	평가손익	104,618,930
	수익률	1,102.95%

세계 최고 주식 부자로 알려진 워런버핏. 그의 순자산은 약 110조 원에 달하는데 이중 70%에 달하는 78조 원은 60대 중반 이후에 늘어난 것이라고 한다. 짧은 기간에 초대박을 내서 저런 큰 자산을 이룬 것이 아니라는 것이다. 거액의 자금이 필요한 부동산에서도 단타라는 행위를 하는 사람이 많다. 내가 만난 아파트 투자자는 2020년 한 해 동안 17번이나 사고팔았다고 한다. 아파트만 그런 것이 아니다. 오래 묵혀야 한다고들 생각하는 땅조차도 몇 달 만에 평당 5만 원 띠기(수익을 보고 파는 것), 10만 원 띠기를 하는 사

람들이 적지 않다. 그러나 그런 거래를 도와주는 부동산 사장님들조차 이런 얘기를 한다.

"큰돈 벌려면 진득하게 기다리는 게 필요하죠."

주식 혹은 암호화폐 투자에서 익숙하게 쓰이는 용어인 '존버'. '존나게 버틴다'의 줄인말이다. 비트코인 시장에서 진정한 승자는 지난 2012년 비트코인을 1만 원에 사서 2021년 8천만 원이 넘을 때까지 가지고 있었던 사람이라고 말하는 어떤 분은 존버를 이렇게 정의한다.

"존나게 버텨서 쌍욕이 나올 정도의 인내심을 발휘하는 것!"

존버라는 게 말은 쉽지만 정말 쉽지 않은 방법이다. 아무거나 막 사서 무조건 10년, 20년을 버티라는 의미가 아니다. 가치 있는 것을 싸게 샀다는 확신이 생겼는가? 그렇다면 그 이후에는 인생역전이 가능한 수익률을 얻기 위해 어느 정도 기간을 버텨내는 인내심은 성공 투자에서 꼭 필요한 필수 능력이다.

인생에서 기회는 3번 온다는데

by 광사마

처음엔 암호화폐에 전혀 관심이 없었습니다. 2017년 불장에서도 투기꾼들이 하는 도박이라는 생각에 쳐다보지도 않았습니다. 여느 대중처럼 실체가 없는 사기(?)라는 생각이 늘 머릿속에 있었습니다. 더군다나 주식으로 크게 한번 잃어본 경험이 있어서 관심이 가지 않았고 오직 부동산만 생각하고 있었습니다. 누군가 인생에서 3번의 기회는 꼭 온다는 했는데, 그중 하나는 보혜샘 토지 특강 참여 계기로 암호화폐까지 알게 된 것이 아닌가 합니다.

이전에는 주로 아파트 투자, 경매 관련 강의를 들었는데, 우연히 보혜샘의 토지 특강이 있다는 소식을 접하게 되었고, 수업도 참여하게 되었습니다. 손품 기법, 근거, 희소가치 및 원재료 투자의 중요성 등을 깨달으면서 투자의 기초를 다지게 되었습니다. 여기에 또 하나의 원재료인 암호화폐, 비트코인, 클레이튼을 언급해 주셨는데, 워낙 코린이라 멍하니 듣고만 있었던 것 같습니다. 강의 이후 단톡방에서 암호화폐에 대한 공유를 많이 해주셔서 조금씩이라도 관심을 갖게 되었습니다. 위험하다면 섣불리 공유하기 어려울텐데, 분명 말하고픈 메시지가 있는 듯하여 한번 트레이딩이나 해보자는 마음으로 거래소 가입(아마도 암호화폐 거래소 가입은 2020년 12월 초 정도 되는 것 같습니다.)도 했지만 시야가 좁아서 인지 이 세계에 발을 들여 놓는데 많은 시간이 소요되었습니다.

큰 마음 먹고 비트코인 2개를 매수한 게 시작이었습니다. 이 글을 쓰는 중에는 비트코인 한 개당 7,200만 원이지만 당시에는 1,900만 원 정도였습니다. 솔직히 처음 매수하고 잠을 잘 이룬 적이 없었습니다. 변동성도 워낙 크고 24시간 돌아가는 시장에 잠을 제대로 잘 수가 없었죠. 무엇보다 늘 불안하고 시세창을 보는 게 일상이었습니다. 보혜샘께서 늘 강조한 '근거', '희소가치' 등이 있는 거 같아서 매수는 했는데 눈앞에 벌어지는 시세에 멘탈이 많이 흔들리게 되었습니다. 결국 못 참고 여러 번 사고팔고를 하면서 코인 개수는 계속 줄고 손실만 늘어갔습니다. 더구나 변동성의 끝판인 리플도 매수하게 되고 큰 하락과 함께 시장을 잠시 떠나기도 했었습니다. 역시 공부 없이 무작정하면 안 되는 시장이구나를 많이 깨달았습니다. 운이 좋게도 보혜샘이 암호화폐 온라인 강의를 개설한다는 메시지를 보고 참여하게 되었습니다. 타이밍이 정말 좋았던 거 같습니다. 트레이딩의 쓴맛을 보고 공부의 중요성을 깨닫는 시점에 보혜샘께서 공부방을 운영한다고 하니 '정말 큰 기회구나'라는 생각에 잠을 못 이뤘던 거 같습니다. 완전 코린이부터 시작해서, 이제는 해외 거래소를 자유롭게 이용하고, 스스로 스테이킹, 스왑, 노드 운영 등 짧은 시간에 많은 경험을 하게 되었습니다. 개미에서 투자자로 조금은 변한 제 모습을 보면서 투자가 힘들긴 하지만 재미있고 신나는 것이란 걸 느끼게 되었습니다.

지금도 기억나는 말씀 중 하나가 "투자 상품은 누구한테 얘기를 듣는가에 따라서 결과가 많이 달라진다!" 라고 하였는데, 만약 다른 분께 암호화폐에 대해 이야기를 들었다면 어땠을까? 아마도 시장에서 철수하고 쳐다보지도 않았을 것 같습니다. 지금도 많은 코린이를 응원해주고 올바른 길로 이끌어주는 보혜샘에게 항상 진심으로 감사드립니다. ^^

PART
2

내 평생 한 번 올까 말까 한
인생역전의 투자 기회

'기회는 늘 왔지만, 인생역전의 기회는 자주 오지 않더라!'

초기 시장이라고 느꼈던
강력한 근거

ⓑ

비트코인을 처음으로 만났던 2018년 말, 내게 비트코인에 대한 기회를 알려준 어떤 분이 보여준 사이트가 있으니, 이 사이트는 암호화폐 채굴 서비스 사이트인 BTC.com이다. 이 사이트를 보지 못했다면 비트코인 투자를 진지하게 고려하지 않았을 것 같다라고 이야기할 정도로 내게는 정말 강력한 투자의 근거가 되어준 고마운 존재이다. 이 사이트는 전 세계에서 비트코인 개수를 가장 많이 가진(소위 고래들) 계좌들을 순위별로 보여주는데 그냥 그 자체만으로도 다소 충격적이었다.

농협, 우리은행 혹은 삼성 증권 계좌 등 기존의 금융 시스템에서는 어느 계좌에서 가장 돈을 많이 가지고 있는지 일반 사람들이 절대 알 수가 없다. 그러나 비트코인 같은 암호화폐는 그것이 가능했다. (나중에 알게 되었지만 그것은 암호화폐의 기반 기술이 되는 블록체인 기술의 특징 때문이었다.) 그게 끝이 아니었다. 그 계좌에서 언제 비트코인을 얼마나 샀고, 언제 비트코인을 얼마나 팔았는지도 확인이 가능했다.

[BTC.com]

이런 사이트가 있다는 사실에 신기해하며 끝냈다면 지금의 결과는 만들 수가 없었을 것이다. 나는 그날 처음 봤던 사이트를 잘 기억해두었다가 집에 와서 열심히 들여다보기 시작했다. 그리고 놀라운 사실 몇 가지를 발견하게 된다. 그중 하나는 지난 2011년 비트코인이 개당 5천 원도 하지 않을 때 1만 개 이상을 사서 2018

년 폭등장에서도 팔지 않고 계속 보유하는 계좌들이 한둘이 아니었다는 것. 또 다른 하나는 2018년 폭락장 이후 비트코인이 개당 500만 원 아래를 계속 배회할 때 1만 개 이상을 보유하기 시작한 신규 계좌 또한 한둘이 아니었다는 것이다. 1만 개는 그 당시 비트코인 가격인 개당 400만 원을 기준으로 볼 때도 400억 원이라는 돈이었으니 이는 결코 적은 금액이 아니었다. 개인들이 사는 자금 수준이 아니었다는 것이다. 이에 나는 이런 의문이 들었다. '아니, 사기라고 이야기하는 것을 왜 팔지 않고 계속 보유하고 있는 것일까? 아니, 사기라고 이야기하는 것을 왜 저렇게 사 모으고 있는 것일까?'

초기 시장이 커져갈 때는 중요한 공통점이 있다. 그것은 바로 큰손들이 먼저 들어오고 그 다음 개미들이 들어온다는 사실. 가령 나중에 크게 오르는 주식을 보면 사람들이 관심을 갖지 않는 저가일 때 기관들이 꾸준히 매집한 경우가 많다. 부동산의 경우도 다르지 않다. 신설 철도역사 혹은 신설 고속도로IC가 생겨서 땅값이 크게 오르는 지역들을 보면 역시나 대부분의 사람들이 관심을 갖지 않는 저가일 때 시행사 같은 큰돈을 굴리는 곳에서 인근의 땅을 매입해둔 경우가 많다. 역사상 어떤 시장도 개미가 먼저 진입하고, 큰손들이 나중에 들어오는 경우는 없다. 많은 부자들을 만들어낸 수많은 초기 시장이 그랬듯, 암호화폐 시장 역시 대부분의 사람들이 확신하지 못하고 망설이고 있는 사이 그레이스케일 같은 글로벌 자산운용사뿐만 아니라 테슬라 등 영향력 있는 기업들을 중심으로 비트코인 등 암호화폐 매집이 적극적으로 이뤄지고 있다. 그랬다. 지난 2018년 말, 내가 본 사이트에서 직접 확인했던 큰손들의 매집을 바로 이러한 초기 시장의 신호로 느꼈던 것이다.

결과만 봐서 그렇지 처음부터 완벽하게 만들어지는 것은 없다. 지금은 엄청난 부를 이룬 사람들 그리고 기업들. 그들에게도 다 처음이라는 것이 있었다. 이에 초기 시장이란 말 그대로 어떤 시장이 성숙하면서 발전해 나갈 때 반드시 거치게 되는 처음을 의미한다. 초기 시장인지 '어떻게 알까?' 그건 정말로 쉽다. 초기 시장은 시행착오를 겪으며 발전해야 하는 단계이기 때문에 많은 사람들에게 인정받는 시장이 아니다. 그래서 다수의 사람들이 무관심하거나 심지어 매우 부정적인 경우도 많아 그 가치가 형편없이 평가된다. 안하면 바보라는 소리를 듣는 주식 시장도 사기라는 얘기가 난무했던 초기 시장의 시절이 있었다는 사실을 아는가? 그때 주식은 정말 저렴했다.

어느 유명한 투자자는 지금의 비트코인 투자가 초기 아마존 투자와 비슷하다고 했다. 아마존은 마이크로소프트, 페이스북 등과 함께 인터넷 시대가 본격화되면서 큰 수혜를 입은 부자 기업 중 하나이다. 그 아마존의 초기는 과연 어땠을까? 아마존의 최근 주가는 3천 달러를 넘어섰다. 그러나 아마존 주가가 처음부터 이런 가격을 형성했던 것이 아니다. 1990년대 중후반, 인터넷 시장이 이제 막 시작하려던 즈음, 아마존 주가는 불과 2달러에 불과했다. 20여 년이 지난 지금 무려 약 1,500배 정도가 올랐다. 100만 원만 투자했어도 15억 원이 되는 수익률이다. 우리가 과연 살아가면서 이런 투자를 몇 번이나 만날 수 있을까? 이런 드라마틱한 수익률이 가능했던 이유는 바로 인터넷 시장이 초기였기 때문이다.

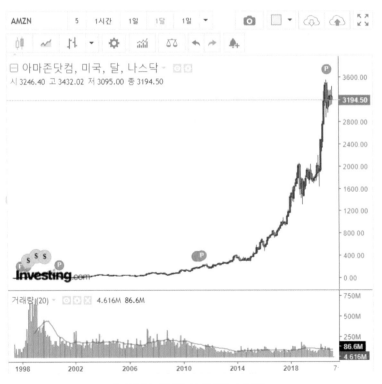

[지난 20여 년간 아마존 주가 추이]

비트코인 2년 만에 흙수저 졸업했습니다.

비트코인을 초기의 아마존과 비교하는 것은 바로 아마존 주식 투자로 가능했던 드라마틱한 수익률이 비트코인 투자에서도 가능할 수 있다는 의미이다. 종이 돈을 쓰던 시대에서 종이 돈이 없는 시대로의 변화. 이런 거대한 시대 변화의 길목에서 대부분의 사람들이 어색해하고 거부하지만 큰손들은 적극적으로 유입되고 있는 시장. 많은 사람들이 들어오기 전이라 아주 싸게 살 수 있는 초기 시장이 바로 암호화폐 시장이다.

돈에 투자해서
큰돈을 벌 수 있다고?

ⓑ

암호화폐 시장을 엄청난 기회로 받아들였던 또 다른 이유 중 하나, 그것은 암호화폐 시장을 생산자 시장으로 인식했기 때문이 다. 즉, 땅을 가지고 있으면 그 위에 나무를 심든, 농사를 짓든, 건물 을 짓든 다양한 형태의 활용이 가능하듯 암호화폐를 가지고 있으 면 그것으로 다양한 활용이 가능하다는 것이다. 눈앞의 수익에만 급급해 언제 팔아야 할지 전전긍긍하는 많은 사람들을 보며 어느 유명한 유튜버는 이런 얘기를 한다.

"아니 암호화폐가 돈이 될 건데 왜 자꾸 팔려고 하세요."

앞으로 다가올 화폐 혁명을 통해 암호화폐는 곧 미래의 돈이 될 것이다. 이것이 어떤 의미인지 상상이 가지 않는가? 쉽게 생각

비트코인 2년 만에 흙수저 졸업했습니다.

해서 우리가 현재 사용하는 화폐를 가지고 무엇을 하는지 떠올려 보면 더욱 이해가 쉬울 것이다. 화폐의 기능은 크게 3가지가 있다.

첫 번째, 화폐의 가장 기본이 되는 거래의 기능이다. 즉, 돈을 거래의 매개체로 하여 상품/서비스를 사고팔 수가 있다. 암호화폐가 바로 그러하다. 이미 미국에서는 스타벅스 등 유명한 기업들을 중심으로 비트코인으로 결제가 가능한 서비스를 제공하고 있다. 특히 최근에는 비트코인 투자에 합류한 테슬라가 비트코인으로 테슬라 전기차를 구매하도록 발표했다. 또한 미국의 마이애미시에서는 세금으로 비트코인을 걷고 비트코인으로 공무원 월급을 주겠다고 발표했다. 암호화폐는 지금 우리가 사용하는 화폐와 똑같은 역할을 하고 있는 것이다.

NEWS

美 마이애미시 "비트코인으로 세금 걷고 공무원 월급 주겠다"

사실 이 거래의 기능을 기준으로 볼 때는 어떤 상품이나 서비스를 제공하는 입장이 되어야만 수익 창출의 기회를 얻을 수 있다. 이에 거래의 기능을 기준으로만 본다면 암호화폐라는 것이 투자 가치로는 큰 매력이 없을 수도 있다. 그러나 화폐의 기능은 이것이 끝이 아니다.

두 번째, 화폐는 가치 저장소 기능을 가진다. 이것은 많은 사람들이 인지하고 있는 것이 아닌데 아주 중요한 화폐의 기능 중 하나이다. 금의 경우 그것을 가지고 당장 돈처럼 쓸 수 있는 것이 아니다. 그러나 금을 가지고 있는 것만으로도 그 가치가 조금씩 올라가는 효과 때문에 많은 사람들이 금을 투자 대상으로 가지고 싶어 한다. 특히나 금의 경우 금융 위기, 코로나19 등 경제 위기가 발생할 때 사람들이 선호하는 안전 자산으로서 그 인기가 폭발적으로 높아지는 효과를 누려왔다. 전 세계 기축통화인 달러 같은 경우도 역시나 가치 저장소의 일부로 인식되어 투자 대상으로 여겨지기도 한다. 이에 달러 가격이 많이 떨어졌을 때 예금, 펀드 등 다양한 형태로 달러 투자에 관심을 두는 사람들이 많아진다. 달러가 오프라인 시대의 기축통화였다면 비트코인은 온라인 시대의 기축통화로 기대 받고 있다. 그래서 비트코인 역시 가치 저장소 기능을 가질 수 있을 것으로 기대되고 있는 것이다.

세 번째, 화폐는 예금, 대출 등과 같은 금융 기능을 가진다. 암호화폐 역시 똑같다. 지금은 암호화폐 시장이 이제 막 만들어지고 있는 타이밍이라 아주 보편화되지는 않았지만 미국을 중심으로 암호화폐 기반의 금융 서비스가 점차 확대되고 있는 분위기이다. 즉,

암호화폐를 맡기고 이자를 받거나 대출을 받기도 한다. 실제로 전 세계 많은 은행에서도 이러한 암호화폐 기반의 금융 서비스가 적극적으로 고려되거나 준비 중에 있다. 보수적인 은행조차 암호화폐 시장에 참여하지 않으면 도태될 수밖에 없는 이유, 이것은 암호화폐가 가진 금융 기능의 가능성 때문이다.

NEWS

전세계 주요 은행들 '가상자산 커스터디' 속속 참전…황금알 될까?

아직도 많은 사람들이 암호화폐의 실사용 가치에 대해 의문을 품고 있지만, 사실 암호화폐는 점점 우리 생활 속으로 깊이 들어오고 있다. 암호화폐 시장을 단순히 사고팔아 시세차익을 얻는 시장으로만 이해하고 있다면, 이 시장의 아주 일부만 이해하고 있는 것이다. 앞서 말한 3가지 관점에서 볼 때, 여러분이 암호화폐를 가지고 있다면 아주 자연스럽게 미래 화폐 시장에서 생산자로 살아가게 된다. 부동산 시장에서 진정한 원재료인 땅을 가지고 있는 것처럼 말이다. 정말 신나고 흥분되지 않는가?

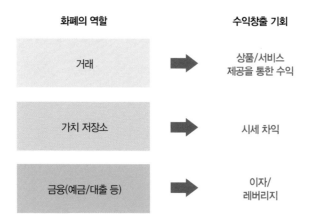

[화폐의 3가지 기능]

비트코인 2년 만에 흙수저 졸업했습니다.

시대의 흐름을 외면하면
땅을 치고 후회한다

"제 친구가 비트코인이 1천만 원 초반일 때 제게 소개하면서 이렇게 어려운 걸 왜 알려주는 거야~ 그랬는데, 지금 생각해보니 나이가 들어도 세상이 변하는 것에 민감해지고 그것에 적응하려고 노력해야 계속 발전하고 젊어지는 삶을 살겠구나." 하며 최근 만난 50대 여성분이 내게 들려준 이야기다.

세상은 너무나 빠르게 변하고 있다. 지난 2020년 우리에게 예고도 없이 찾아온 코로나19는 이러한 변화를 더욱 빠르게 하고 있다. 과거 오프라인 중심의 세상은 인터넷의 등장과 함께 오프라인과 온라인이 공존하는 세상으로 변했고, 코로나19는 온라인 중심의 세상으로 변화를 가속화하는 데 큰 요인이 되었다. 똑같은 사업을 하지만 이렇듯 온라인 세상으로의 변화에 적응한 누군가는 더욱 승승장구하며 큰돈을 벌고 있고, 여전히 오프라인 세상을 고집하고 있는 누군가는 점점 도태되어 설 자리를 잃어가고 있다.

　대부분의 사람들에게는 자신에게 익숙한 것만 하려는 본능이 있다. 나이가 들어갈수록 그러한 본능은 더욱 강해진다. 심지어 '익숙한 것 = 안전한 것'이라고 느낀다. 실제로 내가 아는 분은 70세가 넘은 어머니를 위해 몸에 좋지 않은 가스레인지 대신 인덕션으로 바꿔 드리려고 했다. 그런데 그 어머니는 새로운 기기를 쓰는 것에 대한 엄청난 스트레스로 밤새 잠을 설칠 정도였고 결국 가스레인지를 계속 쓰기로 했다고 한다. 이렇듯 사람들이 익숙한 것만 하려는 이유는 바로 이전에 해보지 않은 새로운 것을 시도할 때 겪게 될 실패에 대한 두려움이 큰 이유로 작용한다. 익숙한 것만 하려는 사람들은 더 이상 발전이 없다. 그래서 삶이 무기력해진다. 나이가 들수록 삶에 생기가 사라지는 이유는 단지 신체가 노화하기 때문만은 아닐 것이다. 더이상 새로운 도전에 대한 성공 혹은 실패의 경험이 없으니 과거에 있었던 일들을 끊임없이 끄집어내며 했던 소리를 또 하고 또 하게 된다. 이처럼 새로운 세상에 적응한다는 것은 단순히 돈을 버는 문제만은 아니라는 것이다. 나이가 들어도 생기가 넘치는 삶, 그것은 새로운 세상에 대한 끊임없는 호기심 그리고 도전으로 가능할 수 있다.

아래는 내가 운영하는 암호화폐 단톡방에서 아는 분이 공유한 얘기다.

"저 대학 때 윈도(window)가 처음 나왔거든요? 인터넷을 막 사용하기 시작했고, 리포트를 손으로 쓰느냐 워드로 하느냐 혼재되었을 때라 오래 전 일이죠. 그때 저희 과에서 제일 잘 나가는 서울대학교 출신 전공 교수님이 인터넷은 쓰레기 자료 밖에 없어서 공부할 필요가 전혀 없다고 강조하셨어요. 그때는 그런가 보다 했는데 시대의 변화에 늦은 사람은 결국 도태되는 거 같아요. 새로운 것을 받아들이는 혜안이 있느냐 없느냐의 작은 차이가 결국 다른 결과를 맞이하는 거 같습니다."

우리에게 지금은 너무나 당연해서 그냥 삶의 일부처럼 되어버린 인터넷이라는 존재. 위에서 말한 분의 이야기처럼 인터넷이라는 것이 처음 나왔을 때부터 많은 사람들이 자연스럽게 받아들인 것이 아니다. 생전 처음 보는 인터넷이라는 존재는 우리에게 너무나 어색하고 불편하기까지 했다. 그러나 수많은 기업들이 활용하고 다양한 교육들이 나오면서 인터넷은 어느새 우리에게 당연한 존재가 된 것이다. 비단 인터넷만 그럴까? 프린터가 처음 나왔을 때도, 스마트폰이 처음 나왔을 때도 그랬다. 인류의 삶을 한 단계 업그레이드시킨 상품이나 서비스들은 하나같이 처음에는 너무나 어색한 존재였다가 결국에는 없어서는 안 될 존재로 변모했다.

암호화폐 시장도 똑같다. 초기에 등장한 인터넷, 프린터, 스마트폰처럼 지금 암호화폐는 대부분의 사람들에게 여전히 어색하고 낯선 존재다. 이게 도대체 왜 가치가 있다는 것인지 이해가 되지 않는다. 그러나 암호화폐는 인류의 삶을 또 한 번 업그레이드시킬 중대한 시대 변화의 흐름 중 하나이다. 시간이 흘러 어느 순간이 되면 암호화폐는 지금의 인터넷처럼 누구나 자연스럽게 사용하는 그런 당연한 존재가 되어 있을 것이다. 돈 버는 시장을 이끌어온 시대의 흐름은 다음과 같이 표현된다.

'오프라인 ➡ 온라인 ➡ 모바일'

그 다음의 시대 흐름은 무엇이 될까? 그것은 바로 '블록체인'이라는 것이며, 이러한 블록체인으로 구현되는 대표적인 것이 암호화폐이다. 암호화폐가 오늘 얼마가 내렸고 얼마가 올랐고 그런 것에 초점을 두지 마라. 바로 이러한 시대의 흐름을 주목하라. 이러한 시대의 흐름 안에서 암호화폐가 가지는 가치에 대해 제대로 깨닫게 된다면 지금 내가 어떤 행동을 해야 할지 잘 알게 될 것이다.

뭣이 중헌디!
테슬라가 투자했다는데~

Ⓑ

비트코인에 대한 부정적인 의견을 내세우는 사람들은 하나같이 이렇게 말한다.

"비트코인이 도대체 무슨 가치가 있는지 모르겠어요?"

NEWS

한은 총재도 비트코인 경고 "왜 비싼지 이해하기 어려워"

실제로 부동산, 주식 등 재테크 관련 카페에서도 요즘 비트코인에 대한 이야기들이 자주 올라온다. 이중 대부분은 돈 버는 분위기에 편승하고 싶어하는 사람들일 뿐 여전히 비트코인의 가치에 대해서는 의문이라는 의견들이 많다. 이에 아직도 그 가치를 이해할 수 없기 때문에 투자를 망설이고 있다는 사람들이 많다. 이 말은 다르게 이야기하면 그 가치를 제대로 인지하는 순간 언제든지 투자할 준비가 된 사람들이 대기 중이라는 의미이기도 하다.

어떤 상품의 가치라는 것은 누가 정하는 것일까? 강남 아파트의 가치가 평당 1억 원이 넘는다는 것은 충분히 이해가 가는가? 이것은 단순히 강남 아파트를 지을 때 소요된 땅값과 건축비 등 수치적인 계산 등을 통해 얻어낼 수 있는 답이 아니다. 즉, 투자 상품의 가치라는 것은 엄밀히 말해 객관적이고 논리적인 근거에 의해서만 정해지는 것이 아니라는 것이다. 똑같은 현대건설에서 지은 아파트 가격이 강남에서 지어질 때와 지방에 지어질 때가 다른 이유, 그것은 땅이 특별히 예쁘게 생겨서도 아니고 특별히 비싼 자재를 써서도 아니다. 그 가격이 얼마가 되었든 그 가격을 주고 사려는 사람들이 존재하기 때문에 강남 아파트의 가치는 계속 올라간 것이다. 점점 더 사기 힘들어지는 강남 아파트는 어느새 많은 사람들의 로망이 되어 버렸다.

비트코인 역시 다르지 않다. 굳이 그 가치를 객관적이고 논리적으로 따지려고 머리 아프게 노력하지 않아도 된다. 강남 아파트와 같은 원리로만 생각해도 충분하다. 최근 혁신의 아이콘 테슬라가 비트코인 투자에 동참하며 8년 전 비트코인을 사지 않은 것을 후회한다고 했다. 투자의 귀재로 알려진 짐로저스 역시 비트코인 투자를 일찍 하지 않은 것을 후회한다고 했다.

NEWS

세계 최고부자 머스크 "8년전에 비트코인 살 걸"

'투자 귀재' 짐 로저스 "비트코인 사지 않아 후회"

이름만 대면 알만한 세계의 부자들이 비트코인을 사지 못해 안달이 났다. 아직도 비트코인을 사지 못한 부자들과 기업들이 여전히 많이 남아 있다. 실제로 전 세계에 상장된 기업 4만여 개 중 이제 30여 개 기업만이 비트코인을 보유하고 있다고 한다. 그중에 바로 테슬라가 포함되어 있다. 부자들이 사고, 기업들이 사는데 개인들이 안 사고 싶을까? 강남 아파트처럼 비트코인 역시 어느 날 많은 사람들에게 더 많이 갖고 싶은 그런 로망의 존재가 될 가능성이 충분하다.

이전보다 암호화폐 투자가 너무 쉬워졌다. 테슬라처럼 이름만 대면 알만한 유명한 기업들, 아크인베스트먼트와 같이 투자의 귀재로 불리는 자산운용사들이 비트코인을 선택했다. 점점 더 많은 기업들, 자산운용사들이 비트코인에 관심을 보이고 있다. 기업들이, 부자들이 아무 생각 없이 개당 5~6천만 원이 넘는 비트코인에 그렇게 많은 돈을 투자했겠는가? 더 이상 무슨 이유가 필요한가? 故 이건희 회장은 말했다.

"부자 옆에 줄을 서라!"

기업들이, 부자들이 언제나 옳다는 증거는 없다. 그럼에도 불구하고 기업들이, 부자들이 돈 냄새를 가장 잘 맡는다는 것은 부정할 수 없다. 투자에 앞서 공부는 꼭 필요하다. 그러나 논문을 쓸 게 아니라면 너무 깊이 파고들지 마라. 깊이 파고드는 사이 돈 벌 기회는 점점 더 멀어져 간다. 실제로 내 주위에도 공부하느라 투자를 못하는 사람들이 정말 많다. 공부는 하면 할수록 끝이 없기 때문이다. 기억하라. 때로는 논리적인 근거를 찾는 것보다 시장의 분위기를 읽는 것이 가장 빠른 공부일 수 있다. 그래서 좋은 투자 기회를 빨리 잡는 방법이 될 수 있다.

당신의 상상력이
큰돈을 벌어줄 것이다

B

"그건 사기야!"

"설마 1억 갈까?"

처음에는 비트코인을 부정하고, 의심했던 사람들이 이제 어쩔 수 없이 인정하기 시작했다.

"비트코인 정말 1억 원은 가려나 봅니다."

내가 땅이라는 부동산의 생산자 시장을 만나면서 크게 얻은 깨달음 중 하나가 바로 '기대심리'에 대한 것이다. 즉, 그 땅이 개발되지 않더라도 그 땅이 개발될 것이라는 기대심리만으로도 땅값이 올라가는 것을 두 눈으로 똑똑히 확인했다. 실제로 신설 교통망, 산업단지, 주거지 등 크고 작은 호재로 인해 더 올라갈 수 있을 것이라는 기대심리가 있는 땅은 그것이 당장 개발이 힘든 맹지든, 개발 제한구역이든 상관없이 가격이 올라 매매가 되었다. 그러나 아직도 많은 사람들이 땅은 개발이 되어야만, 그래서 그 위에 눈에 보이는 건물이 올라가야만 가격이 오를 것이라는 편견을 가지고 있다. 이에 자신이 산 땅이 개발이 되지 않아 가격이 오르지 않을까봐 걱정되어 땅에 쉽게 접근하지 못한다. 한편 땅 투자를 통해 큰돈을 버는 분들을 보면 공통점이 있다. 자신이 사는 땅이 주변으로 호재가 구체화됨에 따라 어떤 가치를 가지게 될지에 대한 미래 모습을 생생하게 상상하는 능력이 있다는 것이다. 그래서 확신을 가지고 매수할 수 있고, 가격이 오르지 않는 동안에도 느긋하게 기다릴 수가 있다. 그래서 큰돈을 벌 기회를 얻는다.

주식 시장도 별반 다르지 않다. 지난 2020년 전 세계를 멈춰버린 코로나19. 코로나19 치료제와 관련이 조금이라도 있다는 종목들. 이것들은 치료제가 당장 개발이 되지 않았어도 개발이 되면 전 세계로 퍼진 코로나19로 인해 수익이 커질 것이라는 기대심리 때문에 10배씩 뛴 종목이 적지 않다. 이처럼 부동산, 주식 등 다양한 투자를 경험하며 나는 깨닫게 되었다. 투자 상품의 가치를 이해하기 위해서는 이러한 기대심리를 반드시 이해해야 한다는 것을. 비트코인 혹은 암호화폐 시장의 가치를 폄하하는 사람들을 보면, '당장 어디 쓰이는 곳이 많지 않아서'를 커다란 근거로 든다. 그것은 바로 투자 시장에서 기대심리가 가지는 중요성을 간과하고 있기 때문이다. 당장 개발되지 않는 땅, 당장 실적이 없는 주식이 오르듯. 당장 쓸 곳이 없어도 비트코인 혹은 암호화폐 가격은 얼마든지 오를 수 있다. 이 시장이 성장할 것이라는 기대심리만 있다면!

지난 2019년, 《비트코인 1억 간다》라는 책을 보며 비트코인이 1억 원을 갈 수 있겠다는 상상을 처음으로 하기 시작했다. 1억 원을 간다고 생각하니 그 당시 1천만 원도 하지 않았던 비트코인이 정말 저렴하다는 생각이 들었다. 당시 내 주변에 있는 지인들에게 비트코인 하나쯤 사두면 좋다는 얘기를 많이 하고 다녔다. 그러면서 그에 대한 근거로 이런 얘기를 했다.

"비트코인은 1억 갈 수 있는 기대심리가 살아있는 시장입니다. 실제로 1억이 가지 않더라도 기대심리만으로도 비트코인 가격은 충분히 상승할 가능성이 있습니다."

암호화폐를 만나기 전, 땅을 비롯한 수많은 생산자 시장에서의 투자 경험은 내가 암호화폐 투자를 확신하는데 큰 밑거름이 되었다. 대부분의 사람들은 현재 눈앞에 보이는 가격을 보며 그 암호화폐의 가치를 결정지어 버린다. 잘 오르지 않거나 크게 떨어지면 관심도 주지 않거나 쉽게 손절하며 욕을 퍼붓기 일쑤다. 그러다 가격이 올라가기 시작하면 점점 태도가 바뀌기 시작한다. 그리고 이런 말들이 나오기 시작한다.

"이제라도 사야 하나요?"

그렇다. 여러분들이 어떤 투자를 할 때, 미래의 모습을 생생하게 상상하지 못하면 결국 저점에 샀어도 잃어버리기 쉽다. 혹은 남들보다 비싸게 사는 대가를 지불할 수밖에 없다. 여러분들이 상상하는 비트코인 그리고 암호화폐 시장의 미래 모습은 어떤 것인가?

초등학생도, 할머니도
무조건 돈 버는 유일한 시장?

ⓑ

어느 날 탤런트 전원주 씨가 유튜브에 나와 자신의 재테크 비법을 공유한 적이 있다. 다들 재테크를 잘 한다고 하면 왠지 엄청나게 똑똑한 사람들이 할 것 같은 그런 이미지로 다가온다. 사람을 겉으로만 판단해서는 안 되겠지만 이제껏 이분이 보여준 이미지를 볼 때 그런 이미지는 분명히 아니다. 너무도 평범한 동네 아줌마 이미지 그 이상도 그 이하도 아니다. 그럼에도 불구하고 그녀는 재테크로 30억 원을 벌었다고 한다. 그녀는 도대체 어떤 방법으로 그렇게 큰돈을 만들 수 있었을까? 처음에는 자금이 크지 않아 주식 투자를 시작했다고 한다. 그리고 20년 전, 처음 산 주식(SK하이닉스)을 아직도 가지고 있다고 했다. 최근 고점인 15만 원을 기준으로 보면 무려 7배 이상이 올랐다. 수익률로 말하자면 600%가 된다. 1

억 원을 투자했으면 7억 원이 된 수익률이다.

NEWS

전원주 "2만 원에 산 SK하이닉스 주식, 지금은…"

이분은 어느 날 회사 설명회를 갔는데 회사가 대단해보였다고 한다. 그래서 투자를 결심했다고 한다. 그렇다. 이분이 이런 수익률을 얻은 것은 대단한 차트 분석 능력이 있었기 때문이 아니다. 20년 전만 해도 SK하이닉스 회사는 사람들에게 그렇게 많이 알려진 곳은 아니었다. 즉, 이분은 초기 시장에 투자를 한 것일 뿐이다. 그리고 결정적으로 충분한 시간을 인내했다. 이러한 요인들이 특별한 능력이 있어 보이지 않는 이분에게 600%라는, 일반 사람들이 쉽게 만들기 어려운 수익률을 선물한 것이다.

코로나19 폭락과 같은 위기의 상황은 초기 시장의 상황과 매우 비슷해진다고 앞서 이야기한 바 있다. 가치 있는 상품을 싸게 살 수 있는 훌륭한 기회! 그래서 코로나19 폭락 때 비트코인을 샀다는 어느 유튜버는 약 2억 원을 투자해 1년여 만에 약 20억 원을 만들었다고 고백했다. 주식 시장 역시나 마찬가지였다. 실제로 어느 초등학생 6학년이 주식으로 무려 1,400만 원을 벌었다며 유튜브에

소개된 적이 있다. 지난 코로나19로 주식이 폭락했을 때 동생과 뉴스를 보다가 이런 이야기를 들었다고 한다.

"10년에 한 번 올까 말까 한 기회다."

코로나19 폭락 당시 주식 가격은 거의 10년 전 수준으로 돌아가 있었기 때문이다. 그 얘기를 듣고 부모님을 졸라 우량주 위주로 투자를 했고, 그중 4만 원대 투자한 삼성전자는 최근 10만 원에 육박하며 100%가 넘는 수익률을 달성했다고 한다. 코로나19 폭락 때 비트코인 혹은 주식 시장에 올라탄 사람들은 냉정히 말하자면 특별한 능력이 있어서 돈을 번 게 아니다. 가치 있는 종목을 싸게 살 수 있는 기회에 올라탔다는 이유로 정도의 차이는 있지만 많은 사람들이 너무나 쉽게 수익을 얻을 수 있었던 것이다.

얼마 전 만난 마케팅 전문가가 있다. 미국의 마케팅 솔루션을 직접 적용해보고 큰 성과를 내며, 자신이 해본 방법을 사람들에게 가르쳐 강의비로만 수억 원을 벌었다. 그리고 그분은 내게 이런 말을 했다.

"이 시장은 초기 시장입니다. 그래서 돈 벌기가 너무 쉽습니다."

눈치챘는가? 초등학생도 할머니도 큰돈을 벌 수 있는 기회, 바로 초기 시장에 답이 있다. 암호화폐 시장은 바로 그런 초기 시장이다. 남들보다 특별히 뛰어난 능력은 없으나 경제적 자유를 꿈꾸는가? 초기 시장을 절대로 놓치지 마라.

물 들어올 때
열심히 노를 저어라

"좀 지켜보다가 나중에 고민해 보려고요."

암호화폐에 대한 이야기를 하다보면 참 세상 느긋하게 이야기 하는 분들이 있다. 이 말은 굳이 이렇게 불안정할 때 말고 뭔가 안 정화가 되고 들어가고 싶다는 의미일 수 있다. 생각해보라. 누군들 안 그러고 싶겠는가? 앞서 투자에서 타이밍이라는 것이 정말로 중 요하다고 이야기한 바 있다. 타이밍에 따라 적게 먹을 수도, 크게 먹을 수도 혹은 손실을 볼 수도 있다. 이런 맥락에서 암호화폐 시장 이 주는 기회 역시 언제나 공평한 것이 아니다.

온체인 애널리스트인 윌리우는 유명한 마케팅 전략 이론인 캐즘이론을 바탕으로 비트코인의 현 상황을 설명한 바 있다. 캐즘이론에서는 혁신이 발생하는 과정을 다른 고객 요구를 가진 5단계로 분류한다. 여기서 신기술에 대한 관심이 높고 조예도 깊은 이노베이터(혁신 수용자)와 유행에 민감한 얼리어답터(선각 수용자) 그리고 일반층 중 비교적 초기에 참가하는 얼리 메이저리티(전기 다수 수용자) 사이에는 큰 벽이 있다고 한다.

- 이노베이터(혁신 수용자) : 2.5%
- 얼리어답터(선각 수용자) : 13.5%
- 얼리 메이저리티(전기 다수 수용자) : 34%
- 레이트 메이저리티(후기 다수 수용자) : 34%
- 라가드(지각 수용자) : 16%

*캐즘이론

지층이 이동하면서 건너기 힘든 깊고 넓은 틈이 생기는 것처럼, 제품이 아무리 훌륭해도 일반인들이 사용하기까지 넘어야 하는 침체기가 있음을 이르는 이론이다.

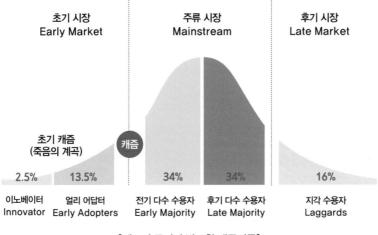

초기 시장
Early Market

주류 시장
Mainstream

후기 시장
Late Market

초기 캐즘
(죽음의 계곡)

캐즘

2.5%　　13.5%　　34%　　34%　　16%

이노베이터　　얼리 어답터　　전기 다수 수용자　　후기 다수 수용자　　지각 수용자
Innovator　Early Adopters　Early Majority　Late Majority　Laggards

[제프리 무어가 발표한 캐즘이론]

　　2020년 말 기준으로 세계 인구의 약 1.3~1.7%(약 1억~1.3억 명) 정도가 비트코인을 보유하고 있다고 한다. 캐즘이론에 따르면 이들은 이노베이터 영역에 있는 사람들이다. 이들의 평균 매수 단가는 약 7,456달러(약 840만 원) 정도로 이 가격에 보유한 투자자를 월리우는 천재라고까지 표현한다. 한편 과거 인터넷, 휴대전화 시장 등 시장에서 일어났던 패러다임 변화를 적용한다면 캐즘을 넘는 것을 계기로 일반층으로 폭발적인 보급이 이뤄진다는 것이다.

　　비트코인 투자로 월가의 신이 되어버린 기업, 마이크로스트래티지 CEO는 지난 2021년 2월 26일 트위터에 이런 글을 올렸다.

"앞으로 5년 안에 10억 명의 인구가 비트코인을 보유하게 될 것이다."

2020년 말 기준으로 전 세계 인구가 약 77억 명 정도 되니까 2025년쯤 되면 전 세계 인구의 약 8% 정도가 비트코인을 보유하게 된다는 것이다. 앞에서 언급한 캐즘이론에 따르면 2025년도 여전히 초기 시장이라는 의미이다. 그렇다면 2021년 지금은 도대체 얼마나 더 초기 시장이라는 것인가?

인터넷도, 휴대전화도 점점 더 많은 대중들의 참여가 이뤄지면서 폭발적인 성장을 이끌어냈지만 지금은 더 이상의 폭발적인 성장은 기대할 수 없다. 암호화폐 시장도 마찬가지다. 점점 더 많은 대중들의 참여가 이뤄지면서 이 시장 역시 폭발적인 성장을 할 것이다. 그러나 그것이 영원히 그런 상태를 유지하지는 않을 것이다. 언젠가 암호화폐 시장도 지금보다 변동성이 줄어들고 안정적인 시장으로 접어들 때가 올 것이다. 이 말은 다시 얘기하면 드라마틱한 수익을 얻을 기회는 점점 줄어들 가능성이 높다는 것이다.

"물 들어올 때 노를 저어라."

물이 없을 때는 배의 바닥이 땅에 닿아 아무리 힘을 써도 꼼짝

비트코인 2년 만에 흙수저 졸업했습니다.

않지만 물이 들어오면 많은 힘을 들이지 않고도 배를 움직일 수 있다는 뜻이다. 지금 암호화폐 시장에는 엄청난 자금이 유입되고 있다. 그리고 대중들의 관심도 점점 높아지고 있다. 그래서 지금이야말로 그토록 경제적 자유를 갈망했던 여러분들에게 인생역전의 기회를 줄지 모를 훌륭한 타이밍이다.

부의 이동이 시작되었음을 알리는 시그널들

과거 역사를 돌이켜볼 때, 산업혁명은 부의 이동이 일어나는 강력한 촉매제가 되었다. 산업혁명 이전의 농업혁명은 인류에게 정착생활을 가능하게 했다. 이 과정에서 땅은 새로운 부의 수단으로 떠오르며 땅을 가진 사람들이 엄청난 부와 권력을 누리게 된다. 이후 농사를 짓던 땅을 산업발전을 위한 용도로 쓰게 되면서 또 다른 부의 이동이 일어나게 된다. 이것이 바로 '산업혁명'이라고 하는 것인데 1차(기계, 물류), 2차(철강, 자동차, 조선, 반도체 등), 3차(컴퓨터, 인터넷, 스마트폰 등)로 갈수록 부의 이동은 점점 더 그 파급력이 강해지고 있다. 1차, 2차 산업혁명 때까지만 해도 여전히 국가가 가장 큰 권력을 가지며 기업을 통제했지만 3차 산업혁명을 거치며 기업이 커다란 권력을 가지게 되었다. 이에 마이크로소프트, 아마존, 페이스북 등 완전히 새로운 영역에서 그야말로 벼락부자들이 탄생했다.

3차 산업의 다음을 이을 차세대 산업혁명으로 주목받고 있는 4차 산업, 그 중심에 바로 블록체인 기술이 있다. 암호화폐는 바로 이 블록체인 기술을 기반으로 구현되는 대표적인 결과물이다. 과거 산업혁명이 그러했듯 4차 산업혁명 역시 이로 인해 완전히 새로운 영역에서 또 다른 벼락부자들이 탄생할 것이다. 실제로 윙클보스라는 미국의 쌍둥이 형제는 세계 최초 비트코인 억만장자로 불린다. 지난 2013년 비트코인이 10만 원 안팎일 때 비트코인의 가능성을 보고 비트코인 전체 유통량의 약 1% 정도인 13만 개 정도의 BTC를 과감하게 투자했다고 한다. 그리고 제미니라는 글로벌 암호화폐 거래소를 기반으로 암호화폐 사업 영역을 확장해나가며 큰돈을 벌어들이고 있다.

한편 암호화폐 쪽과는 전혀 관련이 없는 미국의 IT기업이지만 2021년 현재까지 약 10만 개의 비트코인을 사 모은 마이크로스트래티지라는 나스닥 상장사가 있다. 이 기업은 비트코인의 가치 상승과 함께 IT사업을 했을 때와는 비교도 되지 않는 폭발적인 성장세를 보이고 있다. 부의 이동은 자금이 많은 기관에서만 한정되어 일어나는 일이 아니다. 일반 사람들 중에서도 부의 이동을 증명하는 다양한 실제 사례들이 여기저기서 등장하고 있다. 다음은 내가 운영하는 암호화폐 투자 관련 단톡방에서 오고가는 사람들의 이야기이다.

"최근 지인 중에 ○○코인으로 1억 원을 투자해서 5억 원을 만든 친구가 있습니다. 이 친구는 불과 2년 전 -5천만 원일 때 스트레스 엄청 받으면서 존버하더니 이제는 절대 안 판다고 하네요. 제 주변에서 일찍 은퇴하는 친구들이 많이 나올 것 같네요."

– 30대 직장인

"남편이 암호화폐에 몰빵해서 스트레스 받아 죽겠다고 2년 쯤부터 저한테 전화해서 욕하면서 꼴도 보기 싫다고 난리였던 친구가 있어요. 요즘 분위기가 이상해 물어보니 지금 강남에 집 보러 다닌다고 하네요."

– 40대 주부

이런 사례들은 이제 별로 놀랍지도 않다. 여기저기서 암호화폐를 통한 인생역전의 사례들이 계속해서 들려오고 있기 때문이다. 암호화폐 관련 어느 전문가는 이렇게 말한다.

"비트코인 투자를 공식화한 투자자는 많지 않습니다. 실제로 비공식 비트코인 억만장자가 상당히 많을 것으로 예상합니다."

새로운 부의 이동 기회가 과연 블록체인 그리고 암호화폐에 있을지 아직은 반신반의하는 사람들이 많다. 어쩌다 우연히 암호화폐로 큰돈을 벌었다는 사람들의 이야기를 들으면서도 여전히 '저러다 끝날 거야~' 생각하며 위안을 삼는 경우가 많다. 그러나 여러분들이 인정하든 인정하지 않든 점점 더 많은 사람들이 블록체인 기술을 미래 사회의 필수 기술로 인정하고, 암호화폐를 이러한 블록체인 기술로 구현되는 미래 사회의 중요한 도구로 인식하는 순간 엄청난 부의 이동이 눈앞에서 현실화되기 시작할 것이다.

누구를 만나느냐에 따라
당신의 운명이 바뀐다

"2016년 아파트 불장 초입일 때, 아파트값 폭락한다는 블로그를 보고 아파트를 안 샀잖아. 정말 화가 난다!"

일전에 내가 아는 분은 최근 몇 년간 미친 듯이 오른 아파트에 대해 이야기를 하다가 이런 고백을 했다. 그렇다. 투자에 관한한 많은 사람들이 자신의 기준보다는 확신있게 말하는 누군가가 하는 이야기에 크게 의존하여 자신의 소중한 자산과 관련한 중요한 결정을 내리는 경우가 많다.

암호화폐 시장도 별반 다르지 않다. 특히 암호화폐 시장은 아직도 비트코인의 실체 여부를 논하며 투기라는 등 부정적인 이야기를 하는 사람들이 더 많다. 일전에 회원수 100만 명이 넘는 부동산 카페에서 인기 칼럼니스트로 활동하는 어느 분이 비트코인에 대한 질문을 받고 자신의 의견을 올린 것을 본 적이 있다.

"비트코인이 오르는 이유는 미국 정부의 달러화 살포로 돈의 가치가 급속히 떨어지는 것에 대한 도피 수단일 뿐입니다. 저는 비트코인으로 돈 버는 사람들이 하나도 부럽지 않습니다. 자신이 잘하는 것으로 돈을 벌면 그만입니다. 어차피 모든 투자에 다 참여할 필요는 없습니다."

이와 함께 자신의 의견을 뒷받침할 근거로 워렌버핏 등 유명한 투자자들이 비트코인에 대해 안 좋은 이야기를 한 것 그리고 인도 같은 국가에서 암호화폐를 규제하는 것 등 온갖 부정적인 자료들을 제시했다. 책까지 내고 유명한 누군가가 자신이 고민하고 있던 비트코인에 대해 이런 의견을 어필한다면 투자에 어떤 영향을 받게 될까?

나는 지금 이분의 의견이 맞다 틀렸다를 이야기하고자 함이 아니다. 투자에 대한 기준이 없는 대부분의 사람들은 너무나 쉽게 남의 의견을 자신의 기준으로 삼아버린다는 것이다. 지난 2018년 비트코인을 사기라고 언급한 유시민 님 때문에 비트코인을 안 사기로 결심했다는 사람들처럼. 실제로 이분의 이야기에는 다음과 같은 댓글이 달렸다.

"비트코인 투자를 고민하고 있었는데 큰 도움이 되었네요."

아마도 나 역시 비트코인 시장에 대해 제대로 공부하지 않았더라면 이렇게 유명한 사람들이 하는 말로 인해 투자를 포기했을지도 모르겠다. 물론 자신이 충분히 많은 정보를 수집하고 공부를 했음에도 불구하고 '아니다!'라는 결론을 냈다면 어쩔 수 없는 것이다. 그러나 자기 생각이 아닌 남의 의견을 가지고 어떤 결정에 대한 판단을 해 버리면 그 결과가 좋을 때는 좋겠지만 그 결과가 좋지 않을 때는 엄청난 후회로 남게 된다. 물론 나도 틀릴 수 있다. 미래를 누가 알겠는가? 그러나 투자니까 불확실한 미래지만 근거를 가지고 베팅을 해야만 좋은 결과도 얻을 수 있는 것이다. 누가 하는 말 그 자체(What)에 집중하지 마라. 왜 그 말을 하는지(Why)에 집중하라. 그래서 그 근거가 자신에게도 설득이 되면 내 기준으로 받아들이는 것이고, 그 근거가 도저히 설득이 안되면 안하면 되는 것이다. 참고로 나는 저분이 하는 이야기의 근거가 설득이 되지 않는다. 기관들이 초기 시장에서 그렇게나 열심히 사들이고 있다는 너무나 중요한 근거가 빠져있기 때문이다.

또한 암호화폐 시장은 단순히 돈을 버는 수단으로서 선택할 수 있는 기회가 아니라, 인터넷처럼 결국 누구나 할 수밖에 없는 시대

비트코인 2년 만에 흙수저 졸업했습니다.

의 흐름이다. 이렇듯 중요한 시장으로서 기관들과 같이 진입할 수 있는 이 중요한 타이밍에 저런 이야기를 듣는 누군가는 망설이고 있던 비트코인 투자를 마음 한구석에 또 한 번 처박아 버릴지도 모르겠다.

자신이 관심 있는 투자에 대해 여러분들이 어떤 이야기를 듣고 있느냐에 따라 그 결과는 완전히 달라질지 모른다. 누군가는 암호화폐 투자를 계속 거부하고 있을 수도 있고, 누군가는 샀다 팔았다를 반복하며 남들이 다 버는 상황에서도 큰 손실을 보고 있을 수도 있다. 여러분들은 지금 암호화폐 투자에 대해 누구에게 어떤 이야기를 듣고 있는가?

사랑스러운 그녀의 오지랖

by 씬디

2020년 여름 행꿈사에서 열린 토지 특강은 대기 인원이 있을 정도로 그 열기가 뜨거웠습니다. 6.17 주택대출 규제 때문에 대부분의 사람들이 주택을 대체할 부동산 투자처는 '토지'라고 생각했기 때문이었습니다. 저 역시 지난 5월부터 부동산 공부를 시작했는데 하자마자 규제가 생기고 이미 2주택인 상황에 주택으로 뭘 할 수도 없는 빼박 상태가 되었습니다. 그래서 토지 공부를 시작했는데 시간이 오래 걸리는 토지는 또 쉽게 뭔가를 지르기에는 자신이 없었죠. 그냥 천천히 공부를 먼저 해야겠다며 보혜샘의 강의를 들었는데 선생님 강의 도중에 스쳐 지나가듯 잠깐 잠깐 나오는 암호화폐 이야기, 클레이튼 이야기를 접하면서 사실 좀 의아한 생각이 들었습니다. 토지 샘이 왜 암호화폐 이야기를 할까? 좀 이상한 사람 아닐까? 하면서도 저렇게 이야기를 할 때는 뭔가 이유가 있겠지. 그렇게 암호화폐에 대한 궁금증은 쌓여 갔습니다.

뭔지는 모르지만 그 뉘앙스에 취해서 어디서 계좌를 터야 하는지도 모른 상태였는데 샘이 업비트 이용한다는 말만 듣고 맨땅에 헤딩하듯 인터넷 검색으로 업비트 계좌를 계설하였습니다. 그리고 소액으로 비트코인을 시범 삼아 샀는데 2천만 원대에서 횡보했고, 그냥 별 생각없이 3천 3백만 원에 매도를 걸고 계좌를 보지 않다가 어느 날 매도가 체결되었다는 문자가 왔습니다. 단 며칠 만에 수익률은 50%였습니다. 기대도 크게 하지 않았지만 신기하기만 했습니다. 그래서 단톡방에 "샘 덕분에 50% 수익내고 팔았어요. 감사합니다." 했더니 샘께서는 오히려 역정을 내며 "이 시장은 50% 먹으려고 들어오는 시장이 아닙니다." 하면서 꾸지람 아닌 꾸지람을 들었습니다. 아마도 공부가 안 되니 확신이 없었고 그래서 투자도 소액으로 하여 빨리 털고 나왔던 것 같습니다. 그 후 샘께서는 우리들의 상황이 안타까웠는지 온라인 강의를 제공해 주셨고 이를 통해 엄청난 정보를 투척해 주었습니다. 결론은 예전 버블과는 다르게 이미 기관이 비트코인을 매집하면서 앞으로의 상승률은 무궁무진하다는 팩트에 기반한 정보를 알게 되었습니다. 매스컴에서는 아직도 암호화폐가 언제 꺼질지 모르는 투기판으로 인식하는 요즘, 암호화폐의 진실을 제자들에게 가르쳐준 샘의 오지랖이 너무나 감사했습니다.

암호화폐에 확신이 생긴 요즘은 수입의 일정 부분은 코인 투자를 해야겠다며 적립식 투자 원칙도 생기게 되었습니다. 코인과 연계된 금융 상품뿐만 아니라 코인과 함께 콜라보 되는 산업 전반에 대해 공부하고 있습니다. 이런 초기 시장을 보혜샘이 아니었다면 누가 강력하게 제시해 주었을까? 그리고 친구나 지인이 이야기한들 선생님만큼 강력한 한방의 에너지는 없었을 것 같습니다. 그 누구도 알려주지 않았던 돈 버는 방법! 그 누구도 알려주지 않았던 '물고기 잡는 방법'을 제시해준 것입니다. 천기누설 같은, 강남 땅 100원 줍줍의 기회를 알려준 박보혜 선생님~ 샘의 사랑스런 오지랖 덕분에 많은 희망이 생겼습니다. 이렇게 말씀드리기에는 닭살 돋겠지만 평생을 두고 감사해야 할 인연으로 생각합니다.

PART

3

초기 시장에서 꼭 확인해야 할
인간 지표

'인간 지표를 보면 최고의 저점 매수 타이밍이 보인다!'

2018년처럼 또
폭락할 거잖아요

한창 걸음마를 배우는 아이들을 보면 느끼는 것이 많다. 하루에도 수없이 넘어지면서 절대 포기할 줄을 모른다. 넘어지고 일어나고를 끊임없이 반복한다. 그런 과정을 통해 아이들은 끝내 일어서 걷게 된다. 아이들은 넘어졌던 과거의 기억을 떠올리며 일어서기를 망설이지 않는다. 오로지 일어서 걷겠다는 목표 하나만을 보고 어제도 오늘도 내일도 넘어지기를 반복한다.

그러나 어른이 되어가면서 실패의 경험들이 하나둘 쌓이다 보면 사람들은 점점 많은 것에 제약을 받게 된다. 대부분 사람들에게 과거의 실패 경험은 무엇인가를 시도하는 데 있어 큰 걸림돌로 작용을 한다. 가령 물에 빠져 죽을 뻔한 경험이 있는 사람은 물에 다시는 들어가지 않기도 하고, 주식으로 큰돈을 잃은 사람은 다시는 주식을 쳐다보지 않기도 한다. '과거에도 이랬으니 미래에도 이럴 것이다.'라고 결론을 내리는 것이다. 나 역시 그랬다. 지난 2009년 매입한 아파트 가격이 끊임없이 하락하는 공포를 경험하면서 2016년 아파트 불장 초입, 다시 아파트 가격이 회복했을 때 내게는 다시금 공포가 밀려왔다.

'또 떨어지면 어떡하지?'

과거의 경험은 이렇듯 나에게 엄청난 독으로 작용했던 것이다. 그런데 암호화폐 시장에서도 똑같은 일이 벌어지고 있다. 지금 암호화폐 시장에서 투자하는 것을 가장 힘들어 하는 사람들이 바로 지난 2018년 폭락장을 경험한 사람들이다. 실제로 내 주변에는 암호화폐 시장을 공부하면서 알게 된 분들이 있는데, 이분들은 비트코인이 지속적으로 저점과 고점을 높여가고 있는 분위기 속에서도 2018년 폭락장의 공포를 끊임없이 언급했다. 고점에서 대부분의 암호화폐들이 평균 80~90% 이상 떨어지는 그 경험은 당해본 사람이 아니라면 실로 상상할 수 없을 정도일 것이다. 이에 또 언제 그런 끔찍한 하락이 올지 모른다는 불안감에 조금만 먹고 나오는 단타매매를 반복했다. 그리고 자신이 팔고나서 훌쩍 올라가버린 암호화폐들을 보며 늘 아쉬워했다. 암호화폐 시장에 나보다 일찍 들어와서 아는 게 정말 많았음에도 불구하고 그들은 지난 과거의 기억 때문에 현재의 변화를 있는 그대로 받아들이려 하지 않았다.

나는 이분들의 심정을 조금은 이해할 것 같았다. 나 역시 고점에 물린 아파트에 대한 끔찍한 경험 때문에 아파트 시장의 변화를 받아들이지 않고 불장이 시작되던 초입에 고민도 안 하고 던지고 나왔으니 말이다. 암호화폐 시장의 과거만을 보지 않고 현재 시장의 변화를 더 적극적으로 받아들일 수 있게 만들어준, 아파트 투자의 실패 경험이 얼마나 고마운지 모른다.

비트코인이 생긴지 약 10년. 비트코인 가격은 0.5원에서 시작하여 2021년 현재 7천만 원을 훌쩍 넘었다. 모든 투자 상품들이 그러하듯 이렇게 가격이 오르는 과정에서 지속적인 상승만 있었던 것이 아니다.

날짜	가격(원화)	날짜	가격(원화)
2009년	0.5원	2017년(12월 15일)	20,000,000원
2010년	10원	2018년(1월 6일)	27,000,000원
2011년	1,500원	2018년(3월 8일)	12,000,000원
2012년	7,000원	2018년(3월 17일)	9,300,000원
2013년	100,000원	2018년(4월 3일)	7,720,000원
2014년	600,000원	2019년(11월 6일)	10,698,000원
2015년	220,000원	2020년(11월 20일)	20,627,000원
2016년	800,000원	2021년(3월 13일)	70,615,000원

[비트코인 1개의 가격표]

비트코인 2년 만에 흙수저 졸업했습니다.

비트코인 초기의 가격 차트를 한번 보라. 32달러까지 갔다가 3
달러로 내려온다. 무려 1/10토막.

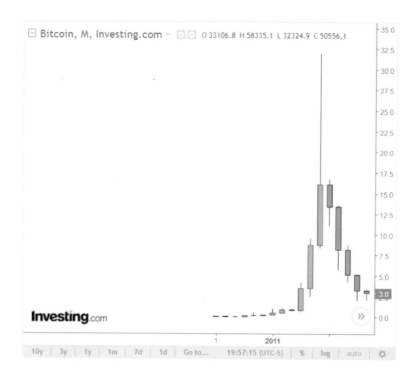

그러나 약 10년이라는 시간의 관점에서 보면 그렇게나 커 보
였던 초기의 폭락은 거의 뭐 보이지도 않는 수준이다.

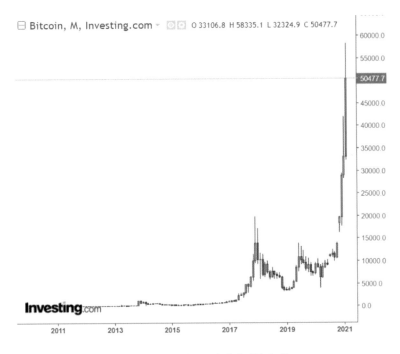

[지난 10년간 비트코인 가격 변화 추이]

　　그럼에도 불구하고 지난 2018년 폭락장이라는 과거의 경험은 많은 사람들이 암호화폐 시장에 진입하는 데 있어 큰 걸림돌로 작용하고 있다. 하루가 다르게 오르는 비트코인 가격을 보면서도 과거의 경험을 떠올리며 애써 부정한다.

　　"저러다가 또 폭락할거야."

　　어느 유튜버는 이런 말을 했다.

　　"만약 지난 2018년, 이 시장을 의심하고 있었다면 이해가 간다.

　　　　　　　　　　　　　　　　　비트코인 2년 만에 흙수저 졸업했습니다.

그러나 지금도 이 시장을 의심하고 있다면 당신은 의심병 환자다."

그렇다 2018년과 2021년은 그 상황이 많이 달라졌다. 2018년은 개인들의 막연한 기대로 인해 오르는 시장이었다면 2021년은 기관들이 적극적으로 진입하고 있는 시장이다. 현재의 변화를 제대로 바라보지 않고 과거의 기억에만 갇혀있다면 이 엄청난 기회를 제대로 알게 되는 시간은 점점 늦어지게 될 것이다. 과거는 과거일 뿐이다. 이미 지나가 버린 과거에 갇혀 소중한 현재 그리고 미래를 담보 잡히는 실수는 하지 말자.

비트코인,
정말 투자해도 될까요?

투자라는 것을 시작하게 되면 대부분의 사람들이 이러한 감정을 가지게 된다.

'불안감'

미래는 신도 모른다는 말이 있다. 투자라는 것이 적금이나 예금처럼 100% 정해진 결과에 베팅하는 것이 아니므로 불안감이 생기는 것은 당연하며 아주 자연스러운 현상이다. 어쨌거나 그래서일까? 아파트, 주식 등 투자의 종류에 상관없이 '투자'라고 하는, 관심 주제가 비슷한 사람들이 모인 온라인 커뮤니티에는 최근 이런 질문이 올라오는 것을 자주 보게 된다.

"비트코인 정말 투자해도 될까요?"

불안감에는 2가지 종류가 있다.

'막연한 불안감 vs 이유가 있는 불안감'

큰 하락장을 만나면 누구나 불안해진다. 단, 공부를 해서 근거가 있는 사람들은 하락하거나 횡보를 해도 버틸 수 있다. 큰 상승을 하기 위해 으레 거쳐가는 통과 의례처럼 생각하기 때문이다. 그러나 대부분의 사람들이 가지는 것은 전자, 즉 막연한 불안감이다.

'막연한 불안감 = 무지'

뭘 아는 게 없으니 막연한 불안감이 올라온다. 이게 도대체 무슨 가치가 있는지, 내가 산 가격이 잘 산 것이 맞는지 확신이 서질 않는다. 그래서 그 불안감을 조금이라도 줄이기 위해 확신있는 누군가에게 의지하고 싶은 마음이 나오는 것이다. 이에 누군가는 투자자들의 이런 불안감을 이용해 돈을 번다. 투자 관련 수많은 강의 혹은 리딩방 운영 등을 통해 확신을 얻는 대가로 사람들은 돈을 지불하게 된다. 대부분의 사람들이 투자를 하는 데 있어 자기 자신의 기준보다는 다른 사람들의 반응이 큰 영향을 준다. 너도 나도 아파트를 한다니 아파트 투자를 하고, 너도 나도 주식을 한다니 주식 투자를 한다. 그러나 너도 나도 하는 투자 타이밍에서는 사실 큰돈을 벌기 힘들다. 투자에서 큰돈을 벌었다는 사람들의 얘기를 들어보면 그들은 한결 같이 대중의 반응과 반대로 간 경우가 많았다.

내가 아는 어떤 분은 지난 2013년 경기도 광명시에 있는 아파트를 사기 위해 은행 대출 상담을 받으러 간 적이 있다. 그때 대출 담당 은행원은 이런 말을 하며 적극적으로 말렸다고 한다.

"고객님, 지금 아파트값 계속 떨어지는데 왜 아파트를 사려고 하세요?"

그러나 지금에 와서 보면 2013년은 아파트 투자에 있어 아주 저점인 타이밍이었다. 이분이 매수한 아파트는 이후 2배 이상 올랐다. 주식도 마찬가지로 코로나19 폭락 때 주가 지수는 거의 10년 전 수준으로 내려갔다. 그때 신문이나 방송에서는 주식 시장이 마치 다 끝난 것처럼 부정적인 기사가 난무했다. 그러나 지금에 와서 보면 지난 코로나19 폭락장은 주식을 정말 싸게 살 수 있는 최고의 매수 타이밍이었다. 실제로 폭락 이후 주식 종목에 따라 차이는 있지만 코로나19 이전 가격을 회복하는 것은 물론 신고점까지 갱신하며 주식 시장은 그야말로 최고의 호황기를 맞이했다.

어느 날 유튜브에서 주식으로 거부가 된 강방천 회장님의 이야기를 들으며 온몸에 전율을 느낀 적이 있다. 대중의 반응과 반대로 갈 때 비로소 인생역전의 가능성이 있구나를 다시 한번 확인했기 때문이다. 강방천 회장님이 67억 원이라는 큰돈을 만든 과정은 다음과 같다.

"IMF가 와서 세상이 혼란에 빠졌을 때 국가가 유지되는 한, 주식은 사라지지 않을 것이라 생각해서 과감하게 증권주에 베팅을 했습니다. 1,200원에 매수한 주식이 800원, 600원까지 떨어지는데도 계속 매수를 했죠. 믿음(확신)이 있었으니까요. 지금 당장의 가격이 아니라 3~4년 이후를 보고 투자한 거라 급하지 않았습니다. 그러나 주가가 생각보다 빨리 회복되면서 두 달 뒤에 600원짜리가 12,000원이 되더군요."

강방천 회장님의 이야기에서 큰돈 버는 3가지 원칙을 발견할 수 있다.

하나, IMF라는 공포의 상황에서 도망치는 대중들과 다른 선택을 했다.

둘, 없어도 되는 돈으로 편안하게 한 투자가 아닌 어느 정도의 시드를 가지고 과감한 베팅을 했다.

셋, 급하지 않았다.

내가 만난 어느 암호화폐 투자자는 지난 2017년 폭등장이 시작되기 전, 이더리움을 평균 단가 28만 원에 200개(총 투자금 5,600만 원)를 매입했다고 한다. 그러나 그 이더리움은 2018년 초 폭등장에서 고점을 찍은 이후 폭락했고, 한때 10만 원 아래까지 떨어지기도 했다. 그러나 이분은 2021년 현재 이더리움이 개당 400

만 원을 넘을 때까지 단 1개도 팔지 않고 보유하고 있다. 그리고 이분은 이렇게 말했다.

"그렇게 급한 돈은 아니어서 그냥 두었죠."

그렇다. 주위에 큰돈을 번 사람들은 보면 앞서 발견한 강방천 회장님 이야기에서 말한 원칙들이 너무나 잘 들어맞는다. 이중 가장 중요한 원칙은 바로 많은 사람들이 공포에 떨고 있을 때 투자를 결심했다는 것이다. 오를 만큼 오른 시장에서 시드를 베팅하고 무조건 기다렸다면 인생역전이 가능한 수익률은 절대로 기대할 수 없었을 것이다. 그러나 대부분의 사람들은 주변 사람들이 환호할 때 심리적 안정감을 가지고 자신 있게 진입하고자 한다. 그런 이유로 최근 많이 오른 아파트, 주식은 사람들에게 필수 투자 아이템이 되었다. 한편 현재 투자 시장에서 아파트, 주식 등에 비해 암호화폐 시장은 여전히 주변 사람들의 반응이 매우 부정적이다. 그래서 이 시장에 처음 진입하려는 누군가는 큰 불안함을 느낄 수밖에 없다. 그래서 진입하기를 매우 망설인다. 투자에서 인생역전이 가능한 큰 수익을 맛보고 싶은가? 그렇다면 인간 지표를 반드시 확인하라. 주변 사람들이 그것에 대해 어떻게 반응하는지를. 앞서 수많은 사례에서 검증되었듯 많은 사람들이 극도로 부정적일 때, 그때는 정말 싸게 살 수 있는 인생역전의 기회가 될 수 있다.

워렌버핏이 비트코인은
사기라고 하던데요?

투자의 전설로 알려진 워렌버핏, 그는 비트코인이 투자 자산으로 가치가 없다고 말했다. 거래의 익명성이 보장된다는 측면에서 불법적인 금융 거래의 수단으로 활용될 여지가 크다며 비트코인을 크게 평가절하했다.

NEWS

'1조 $' 비트코인 누구 말 맞나...일론머스크 vs 워런버핏

대한민국 주식 투자 열풍의 주역 중 한 분인 존리 역시 비트코인이 투자 자산으로 가치가 없다고 했다. 일반적으로 주식 평가의 기준으로 볼 때 비트코인은 매출을 만들 수도 없고 이익을 만들 수도 없다는 게 그 이유다.

　다음은 지난 2017년 그리고 최근인 2021년 글로벌 투자 자산
운용사인 JP모건이 비트코인에 대한 의견을 말한 것이다. 같은 곳
에서 이야기했다고는 믿기 어려울 만큼 전혀 반대의 주장을 펼치
고 있다. 얼마 전까지만 해도 비트코인은 사기라는 얘기를 서슴지
않았던 JP모건. 그러나 최근에는 비트코인의 가치를 인정한다는
등 자산 포트폴리오에 1% 정도는 비트코인으로 추천을 한다는 등
전혀 다른 이야기를 하고 있다. 많은 사람들이 신뢰하는 유명한 사
람들, 기업들. 그들은 사실 말 바꾸기를 손바닥 뒤집듯이 정말 쉽게
해 버린다.

`NEWS`　　　　　　　　　　　　　　　　　　　　　　2017

JP모건 CEO "비트코인은 사기...거품 터질 것"

`NEWS`　　　　　　　　　　　　　　　　　　　　　　2021

JP모건 "BTC, 대체 화폐 입지 굳혀"

Bitcoin Is 'Here to Stay,' But Still an 'Economic Side Show': J.P. Morgan

**The investment bank and financial services giant still has mixed
feelings about Bitcoin and the cryptocurrency market.**

By Will Gottsegen　　　　　　　　　　　　2 min read • Feb 19, 2021

지난 2018년 비트코인이 2천만 원을 넘어가며 그야말로 비트코인 광풍이 불었던 시절, 유시민 님은 너무나 단호하게 비트코인을 사기와 도박으로 규정했다. 이후 비트코인 가격이 폭락하자 유시민 님의 말이 어느 정도 신뢰를 얻는 듯 했다. 대한민국에서 '비트코인=사기'라는 인식이 마치 진실인 것처럼 자리잡는 데에 영향력 있는 유시민 님의 발언이 큰 역할을 했다.

한편 비트코인이 지난 2018년 고점을 넘어 역사상 최고가를 갱신하는 모습을 보며 많은 사람들이 비트코인은 사기라고 규정했던 사람들을 원망하기 시작했다. 그 대표적인 인물이 바로 앞서 이야기 한 유시민 님이다.

"유시민 때문에…"

많은 사람들이 비트코인을 적극적으로 매수하지 못한 것이 유시민 님 때문이라 이야기하고 있다. 이제 눈치챘는가? 많은 사람들이 미디어를 지나치게 신뢰한다. 특히나 소위 전문가라는 사람들이 나와서 하는 얘기들은 본능적으로 받아들이는 경향이 있다. 나보다 똑똑한 사람들이 당연히 더 잘 알지 않을까? 라는 편견 때문일 것이다. 그러나 아는 사람들은 안다. 미디어의 목적은 신뢰성 있는 정보 제공이 목적이 아니라는 걸. 그저 사람들을 자극할 만한 기사를 찾는 것이 그들의 가장 큰 목적이다. 그래서 그런 목적을 위해 활용되는 전문가라는 사람들은 크게 믿을 만한 게 못된다. 약 1년 간 주식 단타를 한답시고 정말 열심히 신문 기사를 들여다본 적이 있다. 이런 과정에서 아주 중요한 사실을 알게 되었다. 어떤 종목이 오르고 내리고는 신문 기사에서 나오는 대단한 정보에 의해 그렇게 되는 것이 아니라는 걸. 어떤 종목의 가격은 이미 세력들에 의해 만들어지고 있었으며 신문 기사는 그냥 그것에 대한 그럴싸한 평계를 만들어주는 좋은 수단이라는 걸. 그래서 힘 없는 개미들은 매번 당할 수밖에 없다는 걸. 실제로 가격이 급등하는 종목을 보면 최신 기사가 아닌 예전의 기사로 오르는 경우도 많았기 때문이다.

비트코인이 생긴 이래 최근까지도 비트코인은 사기라고 줄곧 주장해왔던 경제학자 루비니 교수. 밑도 끝도 없이 비트코인은 가치가 없다고 말하며 많이 올랐으니 폭락할 것이라고 하는 등 그의 주장은 매우 두루뭉술해 보인다. 이러한 이유로 나는 루비니 교수가 경제학자 아닌 경제학자 할아버지라고 해도 그의 말이 전혀 신뢰가 가지 않는다.

NEWS

닥터둠 루비니 "비트코인 상승, 총체적인 사기"

비트코인 2년 만에 흙수저 졸업했습니다.

기억하라. 투자 시장에서 과거 전문가는 있을지언정 미래 전문가는 없다. 특히나 암호화폐와 같이 세상에 처음 나온 초기 시장은 전문가가 있을 수 없다. 그 전문가라는 사람들은 여러분들의 자산이 늘어나든 말든 전혀 관심이 없다. 왜 그런 사람들의 말 때문에 인생역전 할 마지막 기회를 담보 잡히려 하는가?

큰 변동성 때문에
자산으로 인정받기 힘들 거 같아요

"1억 원을 투자했으면 단기적으로 5천만 원은 까질 수 있다 생각하고 들어와라. 그러나 5천만 원으로 까진 게 다시 오르면 2억 원, 3억 원, 4억 원이 될 수 있는 게 바로 암호화폐 시장이다."

암호화폐 시장 초기에 들어와 오랫동안 이 시장을 지켜본 어느 유튜버가 한 말이다. 나는 이 말이 너무나 와 닿았다. 비트코인을 중심으로 한 암호화폐 시장은 변동성이 큰 시장이라고들 한다. 국내 주식 시장처럼 상승/하락에 있어 상한선/하한선이 정해져 있지 않으니 하루에 10배가 올라도 이상하지 않고, 하루에 반토막으로 떨어져도 이상하지 않은 시장이다. 그러나 이는 앞서 강조했듯 초기 시장이기 때문에 일어나는 현상 중 하나이다.

아래는 그 유명한 테슬라의 최근 2년간 차트의 모습이다. 지난 2020년 3월 코로나19 폭락장을 비롯하여 중간중간 조정을 거쳤음에도 불구하고 큰 그림에서는 우상향하며 큰 성장률을 보였다. 불과 2년 전만 해도 40달러 정도였던 테슬라의 주가는 최근 고점 기준으로 900달러를 찍었다. 2년간 무려 약 25배가 상승한 것이다.

그러나 테슬라의 주가가 처음부터 이처럼 안정적이고 폭발적인 성장세를 보였던 건 아니다.

아래는 지난 2011년 즈음, 테슬라 주가의 초기 상장 당시 차트이다. 4달러 정도였던 주가는 8달러를 갔다가 다시 4~5달러 수준으로 떨어지고를 반복하며 큰 변동성을 보여준다. 이때만 해도 테슬라는 지금처럼 많은 사람들에게 인지도가 있지 않았고 그렇게 높게 평가되지 않았다. 그래서 테슬라의 주가는 변동성이 크게 나타났던 것이다.

최근 암호화폐 시장에 진입한 사람들은 조정시 30%씩 떨어

비트코인 2년 만에 흙수저 졸업했습니다.

지는 비트코인을 보며 변동성이 너무 크다고 무서워한다. 30% 정도면 한국 주식 시장을 기준으로 볼 때 하한가에 해당하는 수준의 큰 하락폭이기 때문이다. 그러나 비트코인 초기의 변동성에 비하면 지금은 아무것도 아니다. 실제로 지난 2013년, 100달러 대에서 1,200달러 대까지 1,000% 이상 상승했던 비트코인은 마운트곡스 사건 이후 다시 200달러 대로 떨어지며 80% 이상 폭락했다.

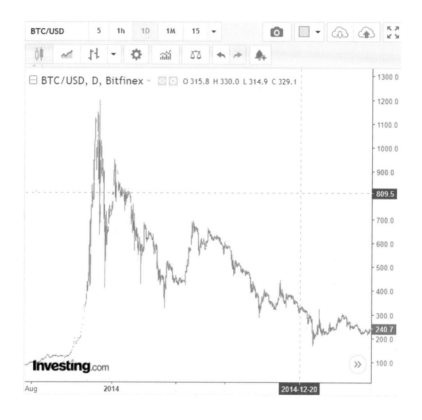

그러나 최근 마이크로스트래티지, 테슬라 같은 기관들을 중심

으로 매수세가 유입되며 비트코인은 비교적 안정적인 상승세를 나타내고 있다.

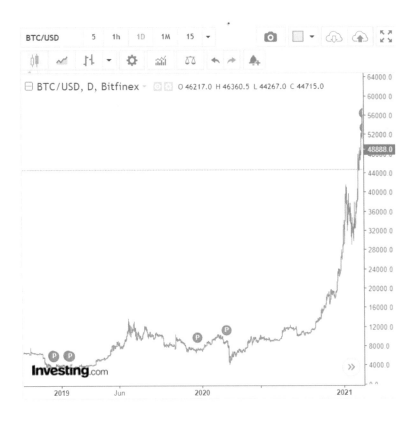

실제로 최근의 비트코인은 급등 후 조정시 평균 약 30%의 하락률을 꾸준히 유지하고 있다. 어느 전문가는 말한다.

"지금 비트코인으로 인해 엄청난 시세 차익을 기대할 수 있는 것은 이 시장이 아직은 변동성이 큰 시장이기 때문입니다. 어느 순간 변동성이 줄어들고 가격이 일정한 수준의 안정성을 갖게 되는

비트코인 2년 만에 흙수저 졸업했습니다.

순간, 비트코인을 통한 시세 차익의 매력은 없어질지 모릅니다."

처음 운동을 시작하면 온몸이 욱신거리는 증상을 몸이 건강해지는 과정에서 겪게 되는 당연한 것으로 받아들이는 사람과 그저 불편함으로만 받아들이는 사람은 그것을 견뎌내는 힘이 달라진다. 전자는 힘들지만 계속 앞으로 나아갈 수 있고, 후자는 힘들기 때문에 쉽게 포기할 핑계를 만든다. 암호화폐 시장도 마찬가지이다. 변동성이라는 것은 더 큰 가치를 인정받고 그래서 더 높은 가격으로 나아가기 위한 당연한 과정으로 받아들이는 사람은 그저 두려움으로 받아들이는 사람과는 다르게 그것을 견뎌내는 힘이 클 것이다. 전자는 하락장에서도 버틸 수 있으며 더 나아가 매수할 수 있는 용기까지도 낼 수 있지만 후자는 하락장에서 무서워 던져 버리게 될 것이다.

똑같은 상황을 어떻게 바라보느냐에 따라 암호화폐 시장의 변동성은 엄청난 기회이기도 하고 혹은 그저 두려움과 공포의 대상이기도 하다. 여러분들은 어느 쪽을 선택할 것인가?

비트코인,
지금 사기에 너무 늦은 거 아닌가요?

비트코인에 이제 막 진입하는 사람들에게 6천만 원이 넘는 가격은 꽤나 비싸게 느껴진다. 특히나 비트코인이 무슨 가치가 있는지 아직 이해가 가지 않는 사람들에게 이 가격은 꼭지라고 느껴질 정도다. 그렇다면 비트코인 개당 6천만 원 이상의 가격은 과연 싼 가격일까? 아니면 정말 꼭지일까? 그것은 비트코인의 가치를 어떻게 느끼느냐에 따라 전혀 달라진다. 본업인 IT쪽보다 비트코인 부자로 더 크게 알려진 나스닥 상장사, 마이크로스트래티지. 2020년 비트코인이 1천만 원을 넘어선 가격일 때부터 비트코인을 적극 매집하기 시작했고, 최근 5천만 원이 넘을 때까지 계속 추가 매집을 해서 2021년 현재 10만여 개 가량의 비트코인을 보유하고 있다. 아무리 돈이 많은 기업이지만 꼭지라고 생각하는 곳에 수조 원이

나 되는 엄청난 돈을 투자하지는 않을 것이다. 이러한 적극적인 매입의 뒤에는 마이크로스트래티지 CEO의 엄청난 확신이 깔려 있다. 실제로 이분이 나오는 영상을 보면 비트코인에 대한 확신이 온몸으로 느껴진다. 이분과 얘기하고 나면 비트코인을 안 살 사람이 없을 정도로 그 확신은 너무나 근거가 있고 명확하다. 최근 비트코인이 개당 5천만 원이 넘을 때조차 자신 있게 추가 매수할 수 있었던 이유, 그리고 앞으로도 얼마가 되든 비트코인을 계속 사 모으겠다고 선언하는 이유, 그것은 이분에게 비트코인은 향후 개당 50억 원 이상도 갈 수 있다는 확신이 있기 때문이다.

NEWS

테슬라보다 먼저 투자한 기업 "비트코인 시총 100조弗 간다"

미 나스닥 상장사 마이크로스트래티지의 마이클 세일러 CEO
시세 하락에도 암호화폐 가치 상승한다는 주장 유지

한편, 10~20만 원 혹은 100~200만 원만 투자하거나 혹은 큰돈을 투자했더라도 몇 프로만 오르면 금방 팔아 버리기를 반복하는 사람들. 그들은 암호화폐 시장에 대한 확신이 없는 사람들이다. 이 시장을 믿지 못하고 언제 떨어질지 모른다는 불안감이 더 크기 때문에 크게 투자할 수 없고, 절대로 오래 들고 있을 수가 없다. 그래서 큰돈이 아닌 적은 돈만 번다.

아래는 비트코인으로 억만장자가 된 윙클보스 형제가 2021년 2월 26일 트위터에 올린 글이다.

Cameron Winklevoss ✔
@cameron

If you are reading this, you are early to #Bitcoin ₿ . How do I know? Imagine thinking you were late to $AMZN in 2010. It was trading at $133. Yes, you missed $10 a decade before, but it will go on to hit $3500 for a 26x gain. Don't fixate on the past, focus on the future potential.

당신이 이 글을 읽고 있다면 비트코인 초기 시장에 들어온 것입니다.

제가 어떻게 아냐구요?

상상해보세요. 당신이 2010년 아마존 주식을 사면서 "너무 늦은 거 아냐?"라고 생각한다고. 아마존은 그 당시 133달러(약 15만 원 정도였습니다)

네 맞습니다. 당신은 그 전에 아마존이 10달러일 때(약 1천 원)를 놓친 거죠.

그러나 아마존은 133달러(15만 원)에서 이후 3,500달러(약 400만 원)까지 가면서 26배 수익률을 안겨주었습니다. (천만 원 투자했으면 2억 6천만 원이 되었을 수익률)

과거에 집착하지 마세요.

미래의 가능성에 집중하십시오.

7천만 원도 넘어버린 비트코인은 예전 가격을 기억하는 사람들에게 매우 부담스러운 가격이 되어 버렸다. 그러나 사람들은 비트코인이 2천만 원이 넘었을 때도 너무 비싸다고 했다. 그리고 비트코인이 7천만 원을 넘자 이런 말을 하는 사람들이 많아졌다.

"2천만 원이라는 가격이 다시 온다면 영끌 하겠어요!"

7천만 원을 넘어버린 비트코인, 이미 사기에 너무 늦은 것일까? 그것은 비트코인의 향후 가치를 어떻게 전망하느냐에 따라 다른 결론이 나온다. 지금의 비트코인 가격이 싸다 비싸다를 고민하기 전에 먼저 비트코인의 가치를 평가하는데 집중해보라. 다른 누군가가 아닌 오로지 자신에게서 그 답을 찾아야 할 것이다.

천만 원일 때는 관심 없고,
1억 원이 되면 삽니다?

B

불과 5~6년 전만 해도 그렇게 큰 관심을 못 받았던 아파트 시장. 서울을 기준으로 2009년 즈음부터 지속적으로 떨어지는 아파트값을 보며 많은 사람들에게 아파트는 투자 상품으로 그렇게 큰 매력이 있는 대상이 아니었다. 그러나 지금은 어떤가? 분명히 똑같은 아파트인데 몇 년 전보다 2배 이상 오른 값을 지불해서라도 그 아파트를 사지 못해 안달이다. 최근 많은 사람들에게 아파트는 가장 소유하고 싶은 투자 상품 1순위가 되어 있다. 왜? 아파트는 지난 몇 년간 미친 듯이 상승했기 때문이다. 주식은 또 어떤가? 코로나19 이전만 해도 주식은 위험한 투자 상품이라는 인식이 매우 강했다. 그러나 지금은? 주식 안 하면 바보 소리를 듣는다. 최근 몇 년간 너무 올라버린 집값을 보며 허탈감에 빠진 20~30대들은 주식을 마지막 희망으로까지 바라보고 있다. 내가 아는 어떤 분은 주린이(주식을 처음하는 초보자를 일컫는 용어)인데 상승하는 주식장에서 재미를 보자 최근 그동안 부어왔던 적금 1억 원을 깨고 주식에 몰빵을 했다. 주식은 왜 이렇게 인기가 높아졌을까? 이 역시 마찬가지다. 코로나19 폭락이후 주식은 정말 쉬지 않고 상승했기 때문이다.

대부분의 사람들은 투자를 통해 큰 수익을 얻고 싶어 한다. 그러기 위해서는 같은 제품이라도 가능한 싸게 사야 한다. 그러나 아이러니하게도 가격이 저렴할 때는 관심을 주지 않는다. 그리고 가격이 급등할 때 그제서야 그것을 사겠다고 난리를 친다. 많은 개미들이 고점에서 물리는 이유, 바로 이런 행동 때문이다. 암호화폐 시장에서도 이런 사람들의 모습을 찾는 것은 그리 어려운 일이 아니다. 실제로 비트코인이 지난 2018년 폭락을 겪은 이후 5백만 원 아래에서 바닥을 길 때는 대부분의 사람들은 쳐다보지도 않았다. 심지어 1천만 원을 넘었을 때도 사기라는 기사가 방송에서 신문에서 난무했다. 그리고 2천만 원을 넘어 2018년 전고점을 뚫고 5천만 원을 넘어가자 사람들은 점점 관심을 보이기 시작했다.

어느 전문가는 이런 말을 한다.

"비트코인이 1억 원을 넘어가고 비싸면 비싸질수록 더 가지고 싶어 안달이 날 것이다."

이는 비트코인에만 해당되는 이야기가 아니다. 나는 다양한 암호화폐 커뮤니티에서 이런 상황들을 자주 목격했다. 어떤 암호화폐 같은 경우 200원, 300원일 때는 별로 관심도 없던 사람들이 2천 원을 넘자 대출까지 받아 2억 원을 투자했다는 인증글이 올라오기 시작했다. 똑같은 10만 개를 200원일 때 샀으면 2천만 원이면 투자할 수 있는 것을 2천 원일 때 2억 원을 투자해서 사는 사람들. 그렇다. 대부분의 사람들은 눈앞에 보이는 '가격=가치'라고 착각을 한다. 그래서 가격이 싸면 가치를 낮게 보고 가격이 올라가면 가치를 높게 평가하기 시작한다. 실제로 비트코인의 가치는 5백만 원일 때나 5천만 원일 때나 크게 변한 것이 없다. 그 가치를 알아보는 사람이 별로 없었을 때는 형편없던 가격이, 그 가치를 알아보는 사람이 점점 많아지면서 가격이 올라가게 된 것 뿐이다.

내가 투자한 암호화폐들 중 1,000%가 넘는 수익률을 보이는 것들의 공통점. 그것은 바로 가격이 오르지 않을 때는 사람들의 무관심은 물론 온갖 나쁜 소문까지 돌았다는 것이다. 그때는 몰랐지만 지나고 보니 그때가 최저점이었음을 여러 번의 경험을 통해 확인했다. 이에 남들이 쳐다보지 않고 욕을 하는 코인도 자신있게 매수할 수 있는 자신감이 생겼다. 누구나 싸게 사고 싶어하지만 그 기회는 아무나에게 주어지지 않는다. 저점 매수의 기회는 누가 뭐라 해도 그것에 대한 가치를 믿고 베팅할 각오가 되어 있는 사람에게 주는 엄청난 선물이다. 그래서 인생역전도 가능한 수익률을 구경하게 된다. 실제로 내가 만난 어떤 분은 오르빗체인이라는 암호화폐를 남들이 별로 관심을 두지 않던 100원 아래일 때 당시 전 재산 8천만 원을 투자했다고 한다. 지난 2021년 3월만해도 200원 안팎을 횡보하던 오르빗체인은 4월에 들어서자 순식간에 4천 원을 넘으며 이분의 자산은 30억 원을 넘어서게 되었다. 이분은 300여 개의 코인을 분석하며 오르빗체인에 대한 엄청난 확신을 가지게 되었다고 한다. 몇 달 가량을 200원 안팎에서 횡보하는 가격으로 인해 급등하는 다른 암호화폐를 찾아 떠나가는 사람들을 신경쓰지 않고, 자신이 투자한 암호화폐의 가치를 믿으며 묵묵히 기다렸던 것이다.

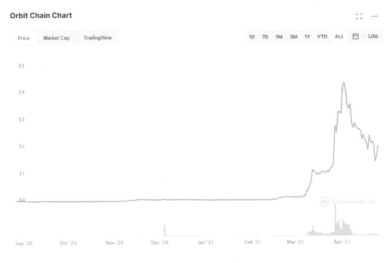

[오르빗체인(ORC) 가격 변화 추이]

그 암호화폐는
망할 것 같은데요?

단기적인 등락은 반복하겠지만 막말로 지금은 아무 암호화폐나 사도 수익을 볼 가능성이 높다. 암호화폐 시장은 앞서 계속 강조한 초기 시장이기 때문이다. 한편 인터넷 시장 초기에 우후죽순 생겨났던 수많은 기업들이 사라졌듯, 현재 거래되는 수많은 암호화폐들 중에는 끝까지 살아남지 못할 암호화폐들도(그 수가) 많을 수 있다는 점도 꼭 감안을 해야 한다. 이에 이왕이면 끝까지 살아남을 가치가 있는 암호화폐 중에 저평가된 것을 골라 투자하려는 노력이 필요하다.

그러나 대부분의 사람들이 관심 있는 암호화폐는 공통적으로 이것이다. 가격이 급등하는 암호화폐. 그렇다. 암호화폐의 가격은 대중들에게 가치를 어필할 수 있는 강력한 요인이다.

일례로 어떤 암호화폐는 100원 아래일 때 그렇게나 살 기회가 많았음에도 1,000원을 넘어가자 그제서야 많은 사람들이 확신을 갖고 올라탄다. 주식이나 암호화폐나 고점에 물리는 개미들이 유독 많은 이유는 바로 이런 행동 패턴 때문이다. 그러나 나는 최근 암호화폐에 관심을 가진 사람들에게 아직 덜 오른 것들을 관심 있게 보라고 조언한다.

가령 에이다는 이더리움 자리를 넘볼 만큼 훌륭한 플랫폼 기능을 가진 암호화폐다. 다만 에이다는 업비트 상장 기준, 최저점 약 27원 대비 최근 최고점은 무려 약 60배 가량이 올랐다. 스텔라루멘의 경우도 정말 매력 있는 암호화폐지만 업비트 상장 기준, 최저점 약 38원 대비 최근 최고점은 무려 약 17배 가량이 올랐다.

[2021년 2월 기준]

그러나 리플이나 이오스 같은 것들은 업비트 상장 기준, 최저점 대비 최근 최고점은 약 3배 정도 밖에 오르지 않았다. 이 얘기를 들으면 아, 그럼 당연히 이걸 사면 되구나~라고 생각할 수 있다. 그런데 이게 생각만큼 그렇게 만만한 방법이 아니다.

비트코인 2년 만에 흙수저 졸업했습니다.

[2021년 2월 기준]

　왜냐하면 에이다나 스텔라루멘 같은 것들에 비해 리플과 이오스는 사람들에게 훨씬 많은 욕을 듣고 있는 암호화폐이기 때문이다. 다른 암호화폐가 계속 상승할 때 가격이 잘 오르지도 않고, 또 다른 암호화폐가 떨어질 때는 오히려 더 많이 떨어진다며 쌍욕을 서슴지 않는다. 다른 사람들의 반응을 중요한 판단 기준으로 삼는 대부분의 사람들은 이런 반응을 보며 쉽게 사려는 용기가 생기기 어렵다.

자, 이러한 상황을 '하이 리스크, 하이 리턴'의 관점에서 고민해보자. 알트코인(비트코인을 제외한 암호화폐) 시장이 지금보다 더 커진다면 지난 2018년 고점을 넘어설 것이라는 전망들이 많은 것을 감안할 때 이미 많이 오른 에이다. 스텔라루멘은 벌써 2018년 전고점과의 거리가 얼마 남지 않았다. 그러나 아직 최저점 대비 조금 밖에 오르지 않은 리플, 이오스는 2018년 고점까지 한참이나 남았다. 즉, 이것의 가치가 제대로 평가되면 에이다, 스텔라루멘에 비해 더 큰 수익을 볼 가능성이 높다는 의미이기도 하다. 그러나 투자 시장에서 이런 기회를 대중들에게 그냥 쉽게 줄리가 없다. 가격이 많이 오르지 않은 것들은 심리적인 불안감을 대가로 지불해야 한다. 즉, 가격이 많이 오르지 않은 것들은 다양한 이슈에 휘말려 있을 가능성이 크다는 것이다. 단, 이러한 상황들의 전제는 가치가 있는 암호화폐라는 것이 반드시 필요하다.

참고로 리플, 이오스는 암호화폐 평가 등급 사이트에서 각각 A등급, S등급을 받고 있으며 얼마 전까지만 해도 리플은 그레이스케일의 중요한 운용자산으로 포함되어 있었고, 이오스는 그레이스케일의 향후 운용자산 후보로서의 가능성이 언급되고 있다. 이외에도 가치를 평가할 수 있는 다양한 자료들을 통해 스스로 평가해보려는 노력이 반드시 전제되어야 한다. 그런 다음에 이러한 암호화폐의 가격이 정말 저평가되었는지 아닌지를 판단해볼 수 있다.

가령 리플의 경우 SEC(미국증권위원회)에서 소송이 걸린 상태다. 이러한 이슈만 잘 해결이 된다면 금세 상승하여 3,000원을 향해 가는 것은 아무것도 아닐 수 있다고 한다. 심지어 2018년 고점인 5,000원도 쉽게 뚫을 수 있다고.

　　자, 그러면 여기서 우리는 선택을 하는 것이다. 어차피 많이 오르지 않았기 때문에 500~600원에서 떨어진다 해도 200원을 깨기는 쉽지 않을 것이고, 만약 이슈가 잘 해결된다면 1,000원을 넘어 5,000원 혹은 그 이상을 갈 수도 있다. 그렇다면 나는 리플이라는 것에 베팅을 해볼 것인가? 아닌가? 얼마를 베팅해볼 것인가? 이에 대한 결정은 리플이라는 가치를 어디까지 볼 것인지에 따라 많은 영향을 받게 된다. 최악의 경우 리플이 세상에서 없어진다고 생각하면 투자하면 안 되는 것이다.

　　실제로 200원 대일 때 리플에 대한 정보를 줬던 지인들 중 한 명은 잘못되면 리플이 없어질 것 같아 무서워서 투자를 하지 않았다고 했다. 지금의 선택이 맞는지는 시간이 지나봐야 알 수 있다. 확실한 것은 누가 봐도 좋아보일 때는 결코 싸게 살 수가 없다는 것이다.

암호화폐로 50억 원을 벌었다는 어떤 투자자는 긴 말을 하지 않고 딱 한마디를 했다.

"남들이 망한다고 할 때 들어가라!"

실제로 비트코인도 한때 마운트곡스 사건으로 폭락했던 적이 있었고, 이더리움도 리플과 비슷한 소송건으로 폭락한 적이 있었는데 그때가 바로 비트코인과 이더리움의 역사적 저점이었다.

내가 산 암호화폐,
많이 올랐는데 언제 팔까요?

Ⓑ

"이제 어느 정도 올랐으니 익절 좀 해~"

비트코인을 1,000만 원 아래에서 사 모으기 시작한 나는 비트코인이 2018년 전고점을 넘어 2,000만 원을 훌쩍 넘어가면서 주위 사람들에게 이런 말을 듣기 시작했다. 그러나 나는 그 말을 귀담아 듣지 않았다. 내게는 나만의 매도 기준이 있었기 때문이다. 실제로 불과 몇 주 만에 100~200% 라는 믿을 수 없는 수익률을 경험한 사람들은 기쁘다 못해 무섭다고들 이야기한다. 그러면서 이제 팔아야 되는 거 아니냐고 묻는다. 이에 대해 나는 이런 대답을 해준다.

"제 생각에는 몇 배가 올랐는지가 중요한 건 아닌 거 같아요. 대중들이 본격적으로 암호화폐 시장에 뛰어들기 시작할 때. 여기저기서 비트코인 안 하면 바보라는 소리가 들려올 때. 그때 매도 타이밍을 고민해도 늦지 않다고 생각합니다."

그렇다. 내게 있어 매도 타이밍의 기준은 바로 인간 지표이다. 이러한 인간 지표는 어디서 확인할 수 있을까? 가장 손쉬운 방법으로는 내 주위 사람들의 반응을 살펴보면 된다. 암호화폐 투자에 대해 반응을 보이는 사람들, 그들은 모두 우리가 확인 가능한 인간 지표다. 혹은 온라인에서도 인간 지표의 변화를 확인할 수 있는 방법이 있다. 암호화폐라는 주제로 만들어진 커뮤니티는 인간 지표가 아니다. 이미 그곳은 암호화폐에 관심 있는 사람들이 모이는 곳이기 때문이다. 그렇다면 어디를 참고해야 하는가? 그것은 암호화폐와 상관없는 주식, 부동산 등의 재테크 카페이다. 암호화폐가 아닌 다른 투자에 관심 있던 사람들이 암호화폐 투자에 대해 보이는 반응, 여기서 역시나 훌륭한 인간 지표를 발견할 수 있다.

최근 예전보다 많은 사람들이 암호화폐 투자 시장에 참여하면서 얼핏 보기에 벌써 많은 사람들이 암호화폐 시장에 들어온 것처럼 생각할 수 있다. 그래서 이미 거품이 끼었을 것이라고 생각할 수도 있다. 그러나 여기서 봐야 할 것은 이들이 투자하는 행태이다. 이들이 투자하는 평균 금액은 100~200만 원이 가장 많다. 아직도 지난 2018년처럼 언제 무너질지 모른다고 생각하는 사람들이 많아 과감한 베팅을 하지 못하는 것이다. 또한 이런 생각 때문에 오래 갖고 있지 못하고 조금만 오르면 샀다 팔았다를 반복한다.

"내가 산 암호화폐, 언제 팔아야 하냐고?"

내가 산 암호화폐가 얼마 올랐는지를 보고 판단하지 마라. 아무리 많이 올랐어도 아직 인간 지표들이 움직이고 있지 않다면 여전히 매도하기엔 이른 타이밍이다. 지난 몇 년간 미친 듯이 상승했던 아파트가 그랬듯, 2020년 코로나19 이후 이례 없는 상승장이었던 주식 시장이 그랬듯, 사람들이 영끌해서 수억 원을 싸들고 들어올 그때 매도 타이밍을 고민해도 절대로 늦지 않다. 그것이 내가 매도 타이밍을 결정하는 기준이다.

제 삶을 바꿔주셔서
진심으로 감사합니다

by 라젠카

요즘 신문에서 어렵지 않게 찾아볼 수 있는 기사가 암호화폐 관련 내용입니다. 유튜브를 보면 600년 만에 한 번 올까말까 한 기회라는 사람이 있는 반면에 패가망신한다며 절대로 코인에 투자하지 말라는 사람도 있죠. 어려서는 공부를 하면 좋은 성적으로 좋은 대학을 가고 좋은 직업을 얻어 잘 살게 되는 거라고 생각만 하고, 돈을 굴리기 위한 공부를 해야 된다는 생각을 하지 못했던 것 같아요. 경매가 무엇인지 궁금하다는 단순한 호기심에 등록한 경매 학원에서 투자를 위해 열심히 공부하는 사람들의 모습에 약간의 반감도 들고 충격도 받았습니다. 그런데 곳간에서 인심난다고 그분들이 참 마음도 넉넉하고 좋은 분들이 많았습니다. 하나둘씩 강의를 들어가던 중 보혜샘의 재밌는 토지 강의를 접하게 되었고, 이상하게 토지 강의에서 간간히 암호화폐 얘기를 들려주었습니다. 뭔지 모르지만 나쁘지 않은 것 같아서 클립(카카오 지갑)을 만들고 처음으로 클레이튼을 샀습니다. 지나고 얘기지만 그때 제가 주변 지인들에게 우리 샘이 이게 좋아! 라며 추천한 클레이튼을 알려주었습니다. 근데 진짜 아무도 사지 않았습니다. 제가 보혜샘 만큼 확신을 못 준 거겠죠. 그런 면에서 확신을 주고 행동으로 옮기게 해준 샘을 만나고 강의를 직접 듣게 되어 천운이라고 생각합니다.

보혜샘은 사람에 대한 상처가 있다고 하면서도 천성을 못 버리고 또 좋은 걸 알려주고 싶어 암호화폐 단톡방을 개설하였고, 전 뭔지나 알아보자는 심정으로 참여하게 되었습니다. 아무 일도 안하면 아무것도 변하지 않거든요.

첫날 보혜샘은 새벽부터 기사와 엄청난 자료들을 방출하며 제가 모르고 살던 세상의 변화를 막 보여주었습니다. 확신이 생기면 바로! 몇 시간 지나지 않아 비트코인과 이더리움을 매수했습니다. 주식을 하면서 맨날 떨어지니 분할 매수한다고 조금만 넣었는데 지나고 보니 첫날 제가 산 가격이 가장 싼 역사적 가격이 되어 버렸네요. 일주일 만에 80%가 오르고 또 오르고 계속 오르고…. 샘이 샀다 팔았다하면 코인 개수만 잃는다고 했는데 이 말을 듣지 않고 그걸 반복했죠. 좋은 샘을 만나서 그 분이 먼저 경험한 걸 다 알려주어도 처음에 들어오면 이런저런 시행착오를 계속 거치게 되는 것 같습니다. 정말 거저 알려주었는데 순간적으로 바보가 되어 수업료도 세게 한 번 물었습니다. 샘한테 수업료를 냈으면 차라리 덜 속상했을 것인데 말입니다.

어느덧 보혜샘과 함께 시작한 코인 투자가 100일 정도 되었네요. 아직 다 알진 못하지만 함께 공부하고 투자하는 단톡방 동료들과 샘이 있어 너무 든든합니다. 공부하면 부자가 될 수 있을까요? 여기 암호화폐 시장에선 가능한 일입니다. 초기 시장에 관심을 갖게 해주고 참여하게 해준 보혜샘에게 정말 너무 감사드립니다. 제가 좋아하는 칼릴 지브란의 시 구절이 있는데요. 이걸 보혜샘은 실천하고 사는 것 같습니다. 제 삶을 바꿔주셔서 진심으로 고맙습니다.

"내가 만약 어떤 이의 마음 속에 새로운 세계를 열어줄 수 있다면 그에게 있어 나의 삶은 결코 헛되지 않은 것입니다." -칼릴 지브란의 《이 삶의 한가운데》 중

PART
4

암호화폐 시장이 주는
인생역전의 기회를 내 것으로

'아무리 좋은 기회도 실행에 옮겨야 진짜 내 것이 된다!'

암호화폐 시장과
주식 시장이 다른 점

"비트코인도 내가 원할 때 사고팔수 있나요?"

암호화폐 시장은 워낙 초기 시장이다 보니 아직도 암호화폐를 어디서 사야 하는 건지, 매수 매도는 어떻게 하는 건지 등 아주 기본적인 것조차 낯설고 어려워하는 분들이 많다. 심지어 암호화폐는 뭔가 쉽지 않아 보여 막연하게 그냥 꺼려진다는 분들이 있다. 그러나 그 어떤 새로운 것도 반복 학습을 당해낼 수 없다. 낯설어서 어렵게 느껴질 뿐 해보면 별거 없다. 그런 분들에게 나는 이렇게 말해준다.

"어렵게 생각하지 마세요. 주식하고 비슷해요~"

비트코인 2년 만에 흙수저 졸업했습니다.

그렇다. 새로운 것을 시도할 때 이미 많은 사람들에게 익숙한 것과 비교해서 공부하면 훨씬 더 이해하기가 쉽다. 실제로 암호화폐 시장이 돌아가는 모습은 주식 시장과 정말 많이 닮아 있다. 매수/매도라는 표현뿐만 아니라 시가총액, 거래량, 이동평균선 등 주식 시장에서 쓰이는 용어들이 암호화폐 시장에서도 많이 쓰인다는 것이다. 그렇다고 암호화폐 시장이 주식 시장과 완전히 똑같지는 않다. 그렇다면 암호화폐 시장이 주식 시장과 다른 점은 뭘까?

1) 밤에도 살 수 있어요?

주식 시장에서는 평일에도 운영 시간이라는 것이 존재하고, 주말 및 공휴일에는 장이 열리지 않으므로 쉬는 시간이 존재한다. 그러나 암호화폐 시장에서는 쉬는 시간이라는 개념이 없다. 즉, 365일 24시간 돌아간다. 그래서 어느 때고 원하는 때에 사고팔수가 있다.

2) 하루에 1,000% 상승?

국내 주식은 상한/하한선이라는 게 있어 하루에 오르고 내릴 수 있는 수익률에 한계가 있다. 그런데 암호화폐는 미국 주식과 비슷하게 상한/하한선이 존재하지 않는다. 이에 하루에 10배 혹은 그 이상도 가능할 수 있다. 반대로 이야기하면 하루에 반토막 혹은 그 이상도 떨어질 수 있다. 이에 급등한 암호화폐를 추격 매수하다가는 큰 손실을 보기 십상이다. 그러므로 암호화폐 투자를 할 때는 이런 변동을 반드시 인지하고 있어야 한다.

3) 신용/미수 못 써요?

주식은 신용/미수라는 형식을 통해 자신이 가진 돈보다 많은 금액을 투자할 수 있는 기회가 주어진다. 그러나 국내 암호화폐 시장은 아직 신용/미수라는 형식이 적용되지 않아 자신이 가진 투자 금액 이상의 돈을 투자할 수 없다. 그러나 해외 거래소의 암호화폐 대출 서비스를 통해 자신이 보유한 암호화폐를 맡기면 일정 비율의 대출을 받아 투자에서 레버리지를 활용해볼 수 있다.

4) 암호화폐 이름? 코드?

미국 주식의 경우 한국 주식과 달리 투자하려는 종목을 찾기 위해서는 주식 시장에서 사용되는 별도의 티커를 알아야 한다. 티커란 주식 이름을 쉽게 찾기 위한 '약어'라고 생각하면 된다. 가령 우리가 잘 알고 있는 테슬라의 티커는 TSLA, 마이크로소프트의 티커는 MSFT 이런 식이다. 암호화폐 또한 이런 미국 주식과 비슷하다. 암호화폐 이름을 쉽게 찾기 위한 약어가 존재한다. '비트코인=BTC', '이더리움=ETH,' '리플=XRP' 이런 식이다. 실제로 해외 거래소를 이용할 때는 이런 약어를 알고 있어야 거래 종목을 찾을 수 있으므로 익혀두는 것이 좋다.

비트코인 2년 만에 흙수저 졸업했습니다.

Q 코인명/심볼 검색

KRW	BTC	USDT	관심

한글명 ⇅	현재가 ⇅	전일대비 ⇅	거래대금 ⇅
비트토렌트 BTT/KRW	4.10	19.19%	986,270백만
펀디엑스 NPXS/KRW	8.40	16.67%	644,772백만
비트코인 BTC/KRW	67,267,000	-0.86%	561,080백만
리퍼리움 RFR/KRW	41.70	38.08%	557,624백만
엠블 MVL/KRW	66.30	3.92%	487,611백만
리플 XRP/KRW	605	-1.47%	396,183백만
알파쿼크 AQT/KRW	14,690	44.87%	324,155백만
무비블록 MBL/KRW	27.90	13.88%	303,929백만

거래소 / 코인정보 / 투자내역 / 입출금 / 내정보

거래소 ⚙ 💬

Q 코인명/심볼 검색

KRW	BTC	USDT	관심

한글명 ⇅	현재가 ⇅	전일대비 ⇅	거래대금 ⇅
레이븐코인 RVN/BTC	0.00000384 (258 KRW)	2.67%	460.167
던프로토콜 DAWN/BTC	0.00001400 (942 KRW)	35.66%	236.416
피카 PICA/BTC	0.00000254 (171 KRW)	20.38%	125.464
파일코인 FIL/BTC	0.00178787 (120,286 KRW)	8.43%	117.804
뷰이버레이트 VIB/BTC	0.00000246 (166 KRW)	-21.66%	106.429
루나 LUNA/BTC	0.00038333 (25,790 KRW)	7.35%	102.191
링엑스 R8NGX/BTC	0.00000272 (183 KRW)	11.93%	72.789
밸리디티 VAL/BTC	0.00006186 (4,162 KRW)	31.73%	61.953

거래소 / 코인정보 / 투자내역 / 입출금 / 내정보

[원화 마켓 vs BTC 마켓]

5) 원화 마켓? BTC 마켓?

국내 주식의 경우 원화만 있으면 원하는 종목을 살 수 있고, 미국 주식의 경우 달러가 있으면 원하는 종목을 살 수 있다. 이와 비슷하게 암호화폐는 원화를 가지고 살 수 있는 원화 마켓과 비트코인(BTC)이 있어야만 살 수 있는 BTC 마켓이 나뉘어져 있다. 이 중 원화 마켓 같은 경우 각 나라별로 상이한 통화 단위(달러, 위안화, 엔화 등)에 맞춰 암호화폐 거래가 가능하게끔 만들어진 시스템이다. 한편 BTC 마켓 같은 경우 비트코인이 암호화폐 시장에서는 기축통화 역할을 하기 때문에 전 세계 거래소 어디에서나 비트코인만 있으면 원하는 암호화폐를 살 수 있게 만들어 놓은 것이다. 이에 똑같은 이더리움을 사더라도 원화로 사는 것 혹은 비트코인(BTC)으로 사는 것 중 하나를 선택할 수 있다. 미국 주식을 사면 주식 종목의 가치 변동성 이외에 달러 가치 변동성을 함께 고려해야 하듯, 비트코인으로 다른 암호화폐를 살 경우 그 암호화폐 자체의 가치 변동성 외에 비트코인의 가치 변동성도 함께 고려해야 한다. 즉, 그 암호화폐 가치가 떨어질 때 비트코인 가치가 함께 떨어지면 손해가 배가 될 수 있고 혹은 그 암호화폐 가치가 올라갈 때 비트코인 가치가 함께 올라가면 수익이 배가 될 수 있다는 의미이다. 이에 BTC 마켓에서 투자를 할 때는 이런 변수를 잘 고려해서 결정해야 한다.

6) 사토시 단위?

주식의 경우 1주 단위로 주식을 매수하고 매도하는 것이 가능하다. 이런 주식 시스템에 익숙해진 사람들은 암호화폐도 역시나 1개 단위로 살 수 있다고 생각하는 경우가 많다. 그래서 7천만 원이 넘어 버린 비트코인을 보며, 자신은 그것을 살 능력이 안 되어 아쉬워하는 경우가 많다. 그러나 암호화폐는 주식과 달리 소수점 8자리 단위(0.00000001)로 거래가 가능하다. 원화 마켓에서 거래되는 단위가 원(KRW)이라면 BTC 마켓에서 거래되는 단위는 사토시(0.00000001BTC)라고 한다. 원화 마켓에서는 몇 원 떨어졌다라고 얘기한다면 BTC 마켓에서는 사토시가 얼마나 떨어졌다라고 이야기한다. 이에 비트코인 1개가 아니라 0.1개, 0.05개 이런 식의 거래가 가능하다는 것이다. 비트코인 7천만 원 기준으로 볼 때, '0.00000001×7천만 원=0.7원' 이상만 있으면 누구나 비트코인을 살 수가 있다. 다만, 거래소마다 최소 거래 금액(업비트는 최소 5천 원)이 정해져있기 때문에 이에 맞춰 최소 매수 가능 금액이 정해진다. 어쨌거나 비트코인 거래의 기본 단위인 사토시라는 말은 비트코인 거래시 자주 언급되는 용어로 알아두면 좋다.

7) 내 계좌가 여러 개?

흔히 계좌라고 하면 우리가 사용하는 증권 혹은 은행 계좌를 떠올릴지도 모르겠다. 그래서 하나의 계좌가 나오는 거라고 이해할 수도 있지만 암호화폐 계좌는 거래소별로 만들어지는 단일 계좌가 아니라 거래소별로 암호화폐마다 계좌가 별도로 존재한다. 이에 여러 개의 암호화폐를 투자하고 있는 분들이라면 여러 개의 계좌를 가지고 있는 것이라 생각하면 된다. 여기에 더해 같은 암호화폐를 2개 이상 거래소에서 나누어 보관하고 있다면 계좌 수는 그만큼 또 늘어나게 된다.

암호화폐 계좌 개설시 필요한
핵심 어플

B

"비트코인을 사고 싶은데 키움증권에서 사면 되나요?"

매수/매도 등 암호화폐의 거래 방식은 주식과 매우 비슷하다
고 앞서 이야기했다. 이때 주식 거래에서는 증권사를 이용하듯 암
호화폐 거래에서는 암호화폐 거래소라는 곳을 이용하게 된다. 주
식의 경우 각 나라별 증권사가 있고, 이러한 증권사들은 동등한 조
건으로 비교되는 대상이 아니다.

그러나 암호화폐의 경우는 좀 다르다. 비트코인을 포함한 암호
화폐들이 국가별 경계가 없이 거래가 되다 보니 그 거래소가 어느
나라에 있든 하나로 묶어 비교가 된다. 대표적인 암호화폐 관련 순

위 정보 사이트인 코인마켓캡(https://coinmarketcap.com)에 따르면 2021년 현재 전 세계적으로 약 300개 가량의 거래소가 등록되어 있다. 여기에는 거래량 등을 반영하여 거래소 평가점수(10점 만점)도 매겨놓았다. 특히 2021년 대한민국에서는 암호화폐 특금법이 시행되면서 그동안 우후죽순으로 운영되던 거래소들이 많이 없어질 것이라 예상되는 만큼 믿을 만한 거래소를 선택하는 것은 중요한 이슈가 되었다. 참고로 대한민국 거래소인 업비트의 경우 거래량 순위 기준으로는 글로벌 Top10 안에 들어갈 만큼 큰 영향력을 나타내고 있다.

[coinmarketcap.com]

한편 주식을 거래하려면 주식 계좌를 만들어야 한다. 마찬가지로 암호화폐를 거래하려면 암호화폐 계좌를 만들어야 한다. 단, 주식 계좌의 경우 그 자체로 은행처럼 입출금 혹은 예금 기능이 있어 별도의 은행 계좌가 없어도 독립적인 금융 계좌 역할을 수행할 수 있다. 그러나 암호화폐 계좌의 경우 그 자체로는 암호화폐 입출금 그리고 원화 출금 기능만 가지고 있기 때문에 원화를 입금하기 위해서는 보조적인 역할을 하는 은행 계좌가 반드시 필요하다. 즉, 암호화폐 계좌를 만들기 위해서는 각 암호화폐 거래소마다 제휴되어 있는 은행 계좌도 필수로 개설해야 한다는 의미이다. 2021년 현재 시중 은행과 실명 확인 가상 계좌 이용 계약을 맺은 곳은 업비트, 빗썸, 코인원, 코빗 4곳 뿐이다.

*업비트 - 케이뱅크

*빗썸 - 농협

*코인원 - 농협

*코빗 - 신한

참고로 업비트의 경우 과거 기업은행과 제휴를 맺고 있었는데, 지난 2018년 폭락장 이후 기업은행 신규 입금 계좌를 받지 않았다. 그래서 신규로 거래를 원하는 회원들은 원화 입금을 하지 못해 다른 곳에서 비트코인을 사서 업비트로 입금을 해야만 매매가 가능

비트코인 2년 만에 흙수저 졸업했습니다.

한 등 거래에 많은 제약을 받았다. 그러나 지난 2020년 업비트가 기업은행에서 케이뱅크로 제휴 은행을 변경하면서 많은 신규 회원들이 유입되는 계기가 만들어졌다.

로또가 당첨되기를 신에게 간절히 기도하던 어떤 남자가 있었다. 그러자 신에게서 돌아온 대답은 이러했다.

"일단 로또부터 사거라~"

주식으로 돈을 벌려면 주식 계좌를 먼저 만들어야 하듯, 암호화폐 시장의 기회를 잡고 싶다면 일단 암호화폐 계좌부터 만들어야 한다. 참고로 앞서 언급한 거래소들 중에 업비트는 거래량도 가장 많고 UI(이용자 인터페이스)도 상당히 편해서 많은 사람들이 사용한다. 이에 여기서는 업비트를 기준으로 계좌 만드는 방법을 살펴보자.

1) 어플 깔기(구글 스토어)

업비트에서 암호화폐 계좌를 만들기 위해서는 2개의 어플이 반드시 필요하다. 그것은 업비트 거래소 어플과 업비트에 원화를 입금시킬 때 꼭 필요한 케이뱅크(업비트와 제휴한 인터넷 은행) 어플이다.

2) 비대면 계좌 개설하기

케이뱅크 어플을 열고 업비트 거래소에 연동시킬 비대면 계좌를 개설한다. 단, 영업일 기준으로 2주 이내 타 금융기관 계좌 개설 이력이 있으면 신규 계좌 개설이 제한되니 이점을 꼭 참고하도록 하자.

3) 업비트 계좌 개설하기

업비트의 경우 카카오톡과 연동이 되어 로그인이 가능하다. 이에 카카오톡을 사용하고 있는 이용자라면 아주 편하게 업비트 거래소 로그인이 가능하게 된다. 다만 실제 거래를 하기 위해서는 보안 레벨을 올려야 하는데 이는 '내 정보-보안등급'으로 들어가서 설정하고, 이때 먼저 계설한 케이뱅크 계좌 등의 정보가 필요하게 된다.

비트코인 2년 만에 흙수저 졸업했습니다.

내정보

회원정보

4
보안 등급 >

\-
수수료 등급 >

♪ 알림 설정   ☐ 화면 설정   🔒 앱잠금 OFF

공지사항 >

[디지털 자산] 크립토닷컴체인(CRO) 메인넷 지원...

[입출금] 퀀텀(QTUM) 하드포크에 따른 입출금 일...

[안내] 알림톡 서비스 일시 장애로 인한 인증번호 ...

[입출금] 플로우(FLOW) 메인넷 업그레이드에 따...

[안내] WAXP 입출금 일시 중단 안내

업비트 소식 >

[뉴스] 업비트, 투자자 보호 위해 '유튜브 방송 및

거래소   코인정보   투자내역   입출금   내정보

＜ 보안 등급

회원님의 현재 보안등급   레벨4

디지털 자산 출금한도 상향을 위해 거주지 인증이
필요합니다.

레벨1 이메일 인증 완료

레벨2 휴대폰 본인인증 완료   재인증

레벨3 입출금 계좌인증 완료   인증계좌 확인

레벨4 2채널 추가 인증 사용 완료   사용 해제

레벨5 거주지 인증   인증
디지털 자산 출금 한도 상향

◁   ○   ▢

매수/매도만 해도
대한민국 상위 10%?

ⓑ

백문이 불여일견이라고 했던가. 이론적으로 아무리 많은 공부를 한다고 해도 현장에 나가서 부딪쳐 보는 것만큼 빨리 배울 수 있는 방법은 없다. 앞서 말한 암호화폐 거래소에 대한 기본 개념 및 기본 세팅을 바탕으로 이제 본격적으로 매수/매도를 시작해보자. 최근 암호화폐 거래소 어플을 사용한 이용자가 폭발적으로 늘었다는 기사가 나온 적이 있다.

NEWS

[단독] 암호화폐 앱 이용자 200만...석 달 만에 3배 늘었다

비트코인 2년 만에 흙수저 졸업했습니다.

올들어 비트코인 가격 오르자
휴면계좌 복구·신규가입 늘어
빗썸 가입자 1년새 765%↑

증시 조정받자 동학개미 이동
20~30대 이용자가 전체 62%

　　이용자가 폭발적으로 늘었다는 수준이 이제 200만 명이 좀 넘
는 수준이다.

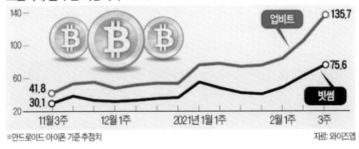

　　초등학생 등 온 국민이 한다는 주식 계좌 보유수와 비교하면
1/10도 안 되는 수준이다. 이는 다르게 말하면 거래소 어플만 잘
이용해도 대한민국 10% 안에 든다는 의미이기도 하다.

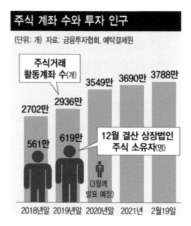

주식 계좌 수와 투자 인구

(단위: 개) 자료: 금융투자협회, 예탁결제원

주식거래
활동계좌 수(개)

2702만   2936만   3549만   3690만   3788만

561만   619만

12월 결산 상장법인
주식 소유자(명)

(3월께
발표 예정)

2018년말 2019년말 2020년말 2021년 2월19일

"은행에 입금을 했는데 거래소 계좌에서는 거래 가능 금액이 0
으로 나와요."

처음 거래를 시작할 때 이런 질문을 하는 분들이 꽤나 많다. 제
휴 은행에 돈을 입금하면 거래소에서 알아서 끌어온다고 생각한
다. 그러나 사실은 그렇지 않다. 업비트를 기준으로 케이뱅크에 입
금을 했다면 거래소 어플 중 '입출금 메뉴-원화 메뉴'에 들어가서
케이뱅크에 입금된 금액 중 끌어오고자 하는 금액을 입력한 후 카
카오인증이라는 과정을 반드시 거쳐야 한다.

이런 과정을 거치고 나면 내가 원하는 암호화폐 거래 화면에 들어갔을 때 주문 가능 금액이 뜨고, 비로소 암호화폐 거래가 가능하게 된다. 또한 원화 마켓에 있는 비트코인을 사고자 하면 아래처럼 지정가, 시장가, 예약 3가지 형태 중 하나로 살 수 있다.

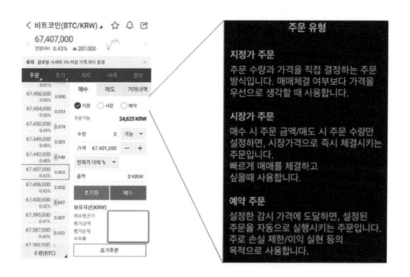

한편 BTC 마켓에 있는 암호화폐를 사고자 하는 사람들이라면 앞서 원화 마켓에서 비트코인을 매수하는 과정을 반드시 거쳐야 한다. 그래야만 BTC 마켓에서 내가 주문 가능한 BTC가 표시되고, 그것을 가지고 BTC 마켓의 암호화폐를 주문할 수 있게 된다. 주문할 수 있는 기반이 되는 것이 원화냐 비트코인이냐의 차이만 있을 뿐 그 외의 매수와 매도 방법들은 모두 동일하다고 보면 된다. 다만 BTC 마켓의 수수료가 원화 마켓보다 훨씬 더 비싸다.

- 원화 마켓에서 이더리움을 살 때 수수료 : 0.05%
- BTC 마켓에서 이더리움을 살 때 수수료 : 0.25%

비트코인 2년 만에 흙수저 졸업했습니다.

알면 돈 되는 김치 프리미엄,
카레 프리미엄?

Ⓑ

얼마 전 아프리카 나이지리아에서 거래되는 비트코인 가격 프리미엄이 50%를 넘어섰다는 기사가 나왔다. 가령 다른 나라 거래소에서 거래되는 비트코인 가격이 5천만 원이라면 나이지리아에서는 7천 5백만 원에 거래가 된다는 것이다. 이렇듯 동일한 암호화폐라도 모든 거래소에서 그 가격이 모두 동일하게 거래되는 것이 아니다.

NEWS

나이지리아, 비트코인 프리미엄 50% 넘어서

지난 2018년, 폭등했던 암호화폐 가격이 순식간에 폭락했던 그때. 특히나 대한민국 투자자들이 큰 타격을 입었던 이유는 바로 프리미엄 때문이었다. 즉, 대한민국 거래소에서 거래된 암호화폐 가격이 다른 나라 거래소에서 거래된 암호화폐 가격보다 훨씬 더 비싼 가격에 거래가 된 것이다. 지난 2016년 초에 처음 나타난 프리미엄은 2018년 1월에 최고 54.48%까지 치솟으며 최고치를 기록한 바 있다. 동일한 암호화폐임에도 불구하고 국내 거래소에서 거래되는 가격이 해외 거래소보다 비싼 경우를 두고 '프리미엄이 붙었다.'라고 이야기한다. 여기에 나라별 특징을 나타내는 키워드를 조합하여 김치 프리미엄, 카레 프리미엄, 스시 프리미엄이라는 말이 생겨난 것이다. 반대로 역 프리미엄이란 국내 거래소에서 거래되는 가격이 해외 거래소보다 싼 경우를 의미한다. 이에 이런 특징을 이용해서 일명 보따리 장사를 하는 사람들이 많이 등장했다. 즉, 가격이 저렴한 거래소에서 암호화폐를 사서 가격이 비싸게 형성된 거래소에서 팔아 그 차이 만큼의 수익을 취하는 것이다.

[동일한 암호화폐의 거래소별 가격 차이에 따른 프리미엄 vs 역 프리미엄]

비트코인 2년 만에 흙수저 졸업했습니다.

참고로 업비트 같은 거래소에서는 관심 있는 암호화폐의 프리미엄을 타 글로벌 거래소와 비교해볼 수 있도록 각 암호화폐별 거래창에 표시를 해주고 있다. 최근에는 글로벌 거래소 시세와 3% 이상 차이가 나는 경우 별도의 안내 메시지도 띄워주는 서비스도 제공하고 있다.

이 외에 프리미엄비교 사이트(https://scolkg.com) 등을 활용하면 암호화폐별 형성된 프리미엄을 한눈에 확인이 가능하다.

코인		binance($)	upbit(₩)	change(%)	volume(억)	김치프리미엄(₩)
★	BTC	57,555.77	67,555,000	0.65%	4,927억	2,516,980 (3.87%)
★	ETH	1,787.10	2,099,000	0.53%	1,064억	79,577 (3.94%)
★	BCH	520.18	613,100	0.00%	242억	25,297 (4.30%)
★	LTC	194.76	228,800	-0.02%	140억	8,721 (3.96%)
★	DOT	37.038	43,550	1.56%	240억	1,697 (4.05%)
★	LINK	29.034	34,190	-0.06%	111억	1,382 (4.21%)
★	ADA	1.204	1,415	1.80%	565억	54.6 (4.01%)
★	XRP	0.5107	601.0	-0.50%	2,719억	23.9 (4.14%)
★	XLM	0.4036	474.0	0.42%	400억	17.9 (3.93%)
★	TRX	0.0635	74.6	0.27%	496억	2.88 (4.01%)

[http://scolkg.com]

같은 암호화폐를 기준으로 이왕이면 싸게 사는 것이 당연히 좋다. 그래서 최근 20% 가까이 형성된 김치 프리미엄을 피해 보고자 20%가 싼 해외 거래소에서 매수하는 방법을 문의하는 사람들이 많아졌다. 그러나 아쉽게도 현재로서는 해외 거래소에서 바로 암호화폐를 매수할 수 있는 방법이 없다. 이에 프리미엄을 지불하고 살 수밖에 없다. 한편 프리미엄만 따지면서 매수 타이밍을 재다보면 저가에 살 수 있는 기회를 놓칠 수도 있다. 실제로 나의 경우 지난 3월 김치 프리미엄이 20% 정도였을 때 해외 거래소에서 관심을 갖고 있던 암호화폐를 매수했다. 이후 그 암호화폐는 일주일만에 10배 이상이 올라 버렸다. 이에 1~2배 먹자고 들어온 시장이 아닌 만큼 프리미엄도 때로는 과감히 감당할줄 아는 용기가 필요하다.

계좌를 폭발시킬
나만의 포트폴리오 만들기

Ⓑ

"1억 원 정도를 투자하고 싶은데 어떤 코인을 사 두면 좋을까
요?"

암호화폐에 이제 막 관심을 가지고 거래소에 계좌까지 개설하
면 생각보다 많은 암호화폐들을 보며 조금 당황스러운 기분이 들
것이다. 대부분 사람들은 비트코인 정도만 안다. 공부를 좀 했다는
사람들도 여기에 더해 이더리움 등 몇몇 알트코인 정도만 알고 있
다. 그러나 대표적인 암호화폐 관련 순위 정보 사이트인 코인마켓
캡(https://coinmarketcap.com) 기준으로 2021년 현재 약 5,000
여 개의 암호화폐가 등록되어 거래 중에 있다.

[coinmarketcap.com]

　　자금에 여유가 좀 있는 분들이라면 이제 많은 사람들이 그 가치를 인정하는 비트코인과 이더리움에만 집중해서 투자해도 충분하다. 그러나 자금이 별로 없는 분들 혹은 더 높은 수익률을 기대하는 분들이라면 비트코인과 이더리움보다 가격이 훨씬 저렴한 다른 알트코인들에 관심을 가질 수밖에 없다. 그러나 종류가 너무 많으니 막연하기만 하다. 아파트나 주식도 마찬가지지만 투자에 정답은 없다. 자신만의 기준을 가지고 선택해야 할 뿐. 참고로 다우존스 산업평균지수, S&P500 등 대표적인 미국의 증권 지수를 산출하는 세계 최대 금융 데이터사인 S&P다우존스인디시즈는 코인 데이터 제공사 루카와 손을 잡고 비트코인(BTC) 등 550개 이상의 암호화폐 움직임을 추적하는 지수를 선보일 계획이라고 발표한 바 있다.

<NEWS>

S&P다우존스인디시즈, 암호화폐 지수 내놓는다...“2021년 공개”

S&P500의 경우 기업규모 · 유동성 · 산업 대표성을 감안하여 선정한 보통주 500종목을 대상으로 작성해 발표하는 주가 지수로 미국에서 가장 많이 활용되는 대표적인 지수이자, 여기에 포함되는 것은 큰 호재로 여겨지기도 한다.

<NEWS>

테슬라, 시간외 거래서 15% 급등...내달 S&P500 편입

이에 앞으로 나올 암호화폐 지수 역시 여기에 포함되는 암호화폐는 더욱 신뢰를 받을 가능성이 높다는 점에서 포트폴리오 구성에 신중을 기할 필요가 있다. 불과 1년 전만 해도 포트폴리오를 짜는데 확신을 가질 만한 자료들이 그리 많지 않았다. 그러나 그레이스케일 같은 글로벌 자산운용사 등 대형 기관들이 암호화폐 시장에 진입하면서 참고할 만한 자료들이 많아졌기 때문에 투자할 암호화폐를 고르기가 예전보다 훨씬 더 쉬워졌다. 최근 암호화폐를 운용 자산의 일부로 포함하는 자산운용사들이 많아지고 있지만 그레이스케일의 경우는 그중에서도 가장 규모가 크고 영향력이 있는 자산운용사이다. 이들의 고객 중 약 90%는 큰돈을 투자할 여력이 있는 기업들이다. 이에 막말로 그레이스케일에서 운용하는 암호화폐들은 어느 정도 검증이 끝났다고 보면 된다. 그래서 믿고 참고할 수 있다. 우리 같은 개미들보다 더 많은 정보를 알고 있고, 이 시장이 성장하는데 영향을 미칠 것이기 때문이다. 참고로 그레이스케일의 경우 운용 규모가 워낙 커서 여기서 어떤 암호화폐를 운용하는지, 얼마를 사고파는지 하루 단위로 볼 수 있는 사이트가 존재한다. 그레이스케일에서 운용하는 암호화폐는 비트코인, 이더리움을 포함하여 그 종류가 점차 늘어나고 있는 중이다.

Grayscale Investments Holdings · GBTC Investor · Bitcoin Treasuries

Symbol	Total Holdings	Total Holdings($)	Holdings (Per Share)	Marker Price (Per Share)	Premium	Close Time	24H Change	7D Change	30D Change	Update Time
BTC GBTC	654.09K BTC	$35.71B	$51.72	$46.81	-9.49%	2021-03-24	-35	-256	-980	2021-03-24 04:00
ETH ETHE	3.18M ETH	$5.32B	$17.35	$15.76	-9.16%	2021-03-24	-177	-1446	+19432	2021-03-24 04:00
LTC LTCN	1.5M LTC	$276.98M	$17.34	$259	1393.66%	2021-03-24	+35497	+36329	+108161	2021-03-24 04:00
BCH BCHG	294.33K BCH	$151.34M	$4.81	$26.91	459.66%	2021-03-24	-20	+263	+9055	2021-03-24 04:00
ETC ETCG	12.46M ETC	$151.18M	$10.75	$12.91	19.16%	2021-03-24	-1023	-7161	+199606	2021-03-24 04:00
ZEC	303.08K ZEC	$41.54M	$12.91	-	-	2021-03-24	+0	+0	+13279	2021-03-24 08:50
ZEN	604.25K ZEN	$31.26M	$53.38	-	-	2021-03-23	+0	+0	+5605	2021-03-24 08:50
XLM	43.02M XLM	$25.01M	$38.03	-	-	2021-03-19	+0	+0	+4560514	2021-03-24 08:50
MANA	9.87M MANA	$8.5M	$8.78	-	-	2021-03-24	+0	+472782	+0	2021-03-24 08:50
LPT	155.5K LPT	$3.53M	$24	-	-	2021-03-24	+0	+224404	+0	2021-03-24 08:50
BAT	1.8M BAT	$1.91M	$10.88	-	-	2021-03-24	+0	+506084	+0	2021-03-24 08:50
LINK	49.9K LINK	$1.35M	$2.74	-	-	2021-03-24	+0	+6998	+0	2021-03-24 08:50
FIL	16K FIL	$1.33M	$78.94	-	-	2021-03-24	+0	+15497	+0	2021-03-24 08:50

Total AUM:$41.72B

[https://www.bybt.com/Grayscale]

비트코인 2년 만에 흙수저 졸업했습니다.

1년 전만 해도 비트코인 혹은 이더리움을 제외한 '알트코인 시장은 죽을 것이다.' 라는 의견들이 많았다. 그러나 이런 자료들을 보면 그 말을 곧이 곧대로 받아들이지 않게 된다. 우리 같은 개미들보다 훨씬 똑똑한 자산운용사들이 죽어 없어질 시장에 투자할리는 없기 때문이다. 이렇듯 기관들이 투자하고 있는 암호화폐 리스트는 투자 포트폴리오를 짜는 데 큰 참고 자료가 된다. 한편 아래는 암호화폐를 다양한 요소들로 평가하여 순위를 매겨 보여주는 사이트이다.

[https://flipsidecrypto.com/products/ratings]

아무래도 등급이 높은 암호화폐가 좀 더 신뢰할 만한 근거가 있다고 볼 수 있다. 그리고 다른 사람들의 말이 아닌 팩트를 가지고 판단하는데 도움이 된다. 가령 이오스(EOS) 같은 경우 얼마 전까지만 해도 가격이 오르지 않는다고 관련 커뮤니티에서 욕을 바가지로 먹던 코인 중 하나다. 그러나 이 사이트에서 보면 이오스(EOS)는 가장 높은 등급인 S등급을 나타내고 있다. 이것이 100% 신뢰할 만한 근거는 아니겠지만 적어도 사람들이 욕하는 것이 정말 가치가 없어서 그런 것인지, 가격이 오르지 않아서 그런 것인지 정도는 판단할 수 있는 힘을 준다. 이런 근거 자료들은 많으면 많을수록 좋다. 여기저기 중복되어 적용되는 근거가 많을수록 투자에 더욱 자신감을 주게 된다. 가령 스텔라루멘(XLM) 같은 경우는 그레이스케일의 운용 자산이기도 하면서 암호화폐 평가 순위로도 S등급을 받고 있다. 그래서 하나의 근거보다 2개 혹은 그 이상의 근거를 찾는 것이 매우 중요하다. 이런 맥락으로 자신의 포트폴리오에 하나씩 추가하다 보면 언제 폭발할지 모를 그런 계좌로 변신해 있을 것이다.

비트코인 2년 만에 흙수저 졸업했습니다.

간과하면 안 되는 거래소의
돈 되는 대표 정보 2가지

거래소는 단순히 매수/매도 기능만 제공하는 곳이 아니다. 잘 찾아보면 투자를 할 때 도움이 되는 다양한 정보들이 담겨있는 보물창고다. 여기서는 특정 암호화폐의 커다란 가격 상승과 깊은 관련이 있는 대표적인 거래소 정보들을 이야기해보도록 하겠다.

1) 프로젝트 공시 정보

주식의 경우 특정 종목의 특허, 신제품 출시, 제휴 등 여러 가지 이슈들에 의해 주가가 폭등하는 경우가 있다. 이와 비슷하게 암호화폐의 경우도 특정 암호화폐에 있어 이슈가 발생하는 경우 큰 가격 상승으로 이어지는 중요한 원인이 된다. 이에 대한 정보는 업비트 거래소 내의 '내 정보'로 들어가면 보이는 프로젝트 공시에서 확인할 수 있다. 실제로 국내 대표 간편 결제기업인 다날에서 발행한 페이코인은 비트코인 결제 지원 공시가 뜨면서 당일 2,000% 이상 상승하며 엄청난 관심을 모았다. 불과 200원 정도였던 코인이 하루 만에 5천 원을 넘었던 것이다. 이에 한동안 부동산 카페며 주식 카페며 할 것 없이 페이코인에 대한 이야기로 떠들썩했다.

2) 원화 마켓 상장

BTC 마켓에서만 거래되었던 암호화폐가 원화 마켓에 상장하는 경우, 이는 커다란 가격 상승의 원인이 될 수 있다. 이는 주식 시장에서는 볼 수 없는 암호화폐 시장만의 특징이라고 볼 수 있다. 이에 대한 정보는 업비트 거래소 내의 '내 정보'로 들어가면 보이는 공지사항에서 확인할 수 있다. 최근 원화 마켓 상장이 공지된 도지코인의 경우 원화 상장 당일 400% 이상 상승하는 모습을 보였다.

비트코인 2년 만에 흙수저 졸업했습니다.

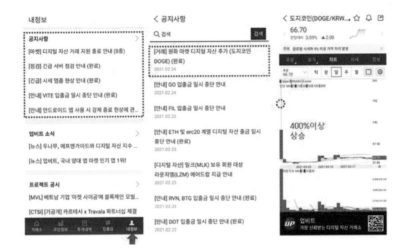

　　다만, 프로젝트 공시든 원화 상장이든 특별한 이슈에 의해 폭등을 한 경우 그 이후에는 큰 조정을 거치고 다시 올라가는 경우가 많아 최악의 경우 물리더라도 여유있게 기다릴 수 있는 것이 아니라면 추격 매수를 하는 것은 정말 조심해야 한다.

암호화폐 세금은 악재인가?
호재인가?

오랫동안 사기 논란에 휘말리기도 했던 암호화폐는 어느새 세금 부과의 대상으로 거론될 만큼 그 수준이 많이 높아졌다. 지난 2020년 12월 29일 소득세법이 개정되면서 비트코인 역시 과세 대상에 포함되는 것이 결정되었다. 개정법에 의하면 비트코인과 같은 암호자산 양도나 대여로 국내 거주자에게 발생한 소득은 기타소득으로 분류된다. 이 기타 소득 금액에서 250만 원을 공제한 금액의 20%가 세액이 된다. 가령 비트코인 거래로 500만 원을 벌었다면 세액은 500만 원에서 250만 원을 뺀 나머지 250만 원에 대해 20%가 적용되어 50만 원을 세금으로 내야 한다. 또한 이러한 세액은 매년 5월 종합소득세 신고를 할 때 함께 신고해야 한다.

NEWS

다시 뜨거운 `암호화폐`...2022년 `세금 20%·계좌 실명제`

美페이팔, 내년부터 결제 허용...암호화폐 가격 급등
정부, 250만원 초과 稅 20%·100만원 이상 수취인 정보
개인투자자 반발 움직임 "불법이라며 세금은 왜 걷나"

대부분 사람들이 '세금=손실'이라는 인식 때문에 세금 부과에 대해 강한 거부감을 가진다. 이에 대한 거부감은 청와대 국민청원으로 표현되기도 했다.

— 청원진행중 —

비트코인은 250만원이상 과세 주식은 5000만 원이상 과세 차별 하지 마세요

그러나 가만히 냉정하게 생각해보자. 암호화폐에 세금을 부과하는 것은 그냥 단순히 세금을 내는 단순한 이슈가 결코 아니다. 부동산, 주식, 금 등 지금 우리가 세금을 내고 있는 수많은 투자 자산들을 떠올려보라. 투자란 불확실성이 존재하기 때문에 손실을 볼

수 있다. 그렇다고 이런 자산들을 보며 사기라고 하지는 않는다. 그러나 암호화폐는 그동안 끊임없이 사기라는 논란이 끊이지 않았던 대상이다. 그런데 이런 암호화폐에 세금을 매긴다? 이것은 암호화폐 시장을 투자 자산의 하나로 인정하겠다는 시그널이다. 돈이 몰리지도 않을 작은 시장에 큰돈을 투자해 세금 시스템을 갖추겠다고 하겠는가? 암호화폐 시장을 성장 가능성 있는, 그래서 세금을 거두기 좋은 매력적인 자산 시장으로 정부는 인정한다는 의미로 해석해야 한다.

최근 몇 년간 폭등해 큰 이슈가 되었던 아파트. 정부는 이런 아파트 투자를 규제하기 위해 각종 세금을 여러 가지 형태로 부과해 왔다. 그러나 세금이 높아졌다고 아파트값이 떨어졌는가? 매도자는 세금이 올라간 만큼 붙여 팔면 그만이다. 오히려 세금은 아파트 가격이 올라갈 수밖에 없는 좋은 핑계를 만들어 준 것이다. 이러한 변화들로 인해 더 이상 암호화폐가 사기라는 논란은 무의미해졌다. 그렇다. 세금은 암호화폐 가격이 올라갈 수밖에 없는 좋은 핑계를 만들어 준 것이다. 다만, 암호화폐에 적용되는 세금이라 하면 양도세 외에 보유세 및 증여세/상속세 등 다양한 세금이 관여될 수 있어 미리 잘 준비할 필요는 있다. 증여세, 상속세의 경우 통상적으로 상속이 개시된 시점 또는 증여를 받은 시점이니 암호화폐 가격이 쌀 때 준비하면 더 좋다. 실제로 내가 아는 분은 지난 2019년 비트코인이 개당 500만 원일 때 미성년 자녀(10년마다 2,000만 원까지 비과세)에게 비트코인 4개(500만 원×4개 = 2,000만 원)를 증여했다.

어쨌거나 세금은 누구나 가능한 적게 내고 싶은 그런 대상이다. 다행히 2021년 벌어들인 금액에 대해서는 세금을 부과하지 않는다. 실제로 소득세법 개정안에서는 세금 부과의 기준을 다음과 같이 정의하고 있다. 법 시행 전 실제 취득가액 또는 2022년 1월 1일 0시 국세청장이 고시한 암호자산 사업자들이 공시한 가격의 평균 금액 중 큰 것으로 취득가액이 인정된다. 가령 2021년 3월 1일 비트코인을 5천만 원에 1개 샀고, 2022년 1월 1일 비트코인 가격이 1억 원이 됐다면, 취득가액은 1억 원으로 인정된다. 만약 2022년 2월, 비트코인을 1억 5천만 원에 매도했다면 과세 표준 금액은 1억 5천만 원에서 1억 원을 뺀 5천만 원이 된다. 즉 5천만 원에서 250만원을 제한 4,750만 원에 20%인 950만 원을 세금으로 내면 된다. 2021년 암호화폐 투자 시장에 진입해야 하는 중요한 이유 중 하나이다.

내 소중한
암호화폐 보관법

암호화폐 데이터업체 체이널리시스에 의하면 총 2,100만 개 중 이제까지 채굴된 1,850만 개 비트코인 중 약 20%가 지갑 분실 등의 이유로 소유주가 접근하지 못하는 것으로 파악된다고 한다. 실제로 얼마 전 전자지갑의 비밀번호를 분실해 2,600억 원 상당의 비트코인을 분실할 위기에 처한 미국 남성의 사연이 기사화된 적이 있다.

NEWS

비번 까먹어서...美 남성 비트코인 2600억원 날릴 위기

우리가 현재 은행에 보관하고 있는 돈은 인터넷 뱅킹을 통해

비트코인 2년 만에 흙수저 졸업했습니다.

입출금 등의 다양한 기능들을 사용할 수 있으며, 인터넷 뱅킹의 비밀번호를 잃어버렸다고 해서 은행에 있는 내 돈을 찾지 못하는 것은 아니다. 인터넷 뱅킹의 경우 돈을 좀 더 편리하게 이용하기 위한 일종의 보조 수단이기 때문에 비밀번호를 잃어버리면 영업점에 가서 돈을 찾으면 된다. 그러나 비트코인 같은 암호화폐는 전혀 다르다. 실제 눈으로 확인 가능한 형태의 자산이 아니므로 디지털 형태로만 보관이 가능하고, 이에 디지털 자산에 접근하는 비밀번호를 잃어버리거나 해킹당할 경우 순식간에 사라져 버릴 수도 있다. 그러므로 암호화폐의 보안에 신경 쓰는 일은 너무나 중요하다. 암호화폐 같은 디지털 자산을 보관하는 방법은 그 작동 방식에 따라 크게 2가지로 구분된다.

1) 핫월렛

핫월렛이란 어떤 식으로든 인터넷과 연결된 상태의 지갑을 의미한다. 가령, 업비트 거래소에 있는 해당 암호화폐별 계좌로 암호화폐를 전송하면, 핫월렛에 입금하는 것이다. 쉽게 말해 거래소에 계좌를 만들고 암호화폐를 보관하고 있다면 핫월렛을 이용하고 있는 것이다. 이러한 핫월렛은 보안에 취약할 수 있지만 설정이 간편하고, 손쉽게 암호화폐 자산에 접근할 수 있어 많은 사람들이 손쉽게 이용하는 방법이며 잦은 트레이딩을 하는 사람들에게 적합하다. 한편 거래소가 아닌 나만의 지갑을 보유하고 싶다면 별도의 핫월렛(메타마스크 등)을 만들 수도 있다.

2) 콜드월렛

콜드월렛의 경우 핫월렛과 반대로 인터넷과 연결되지 않은 오프라인 상태에서 사용이 가능한 지갑이다. 이를 위해 우리가 흔히 데이터를 저장하기 위해 사용하는 USB 같은 외부 물리적 장치를 통해 암호화폐를 보관할 수 있다. 대표적인 것이 암호화폐 보안 관련 업체인 렛저에서 만든 렛저나노가 그것이다. 콜드월렛의 경우 앞서 말한 온라인 기반의 핫월렛보다 사용하기는 다소 불편하나 보안에 좀 더 강하다고 알려져 있으며 자주 트레이딩할 필요가 없는 장기 보유자에게 적합하다. 실제로 상당한 양의 암호화폐를 보유하고 있는 거래소 같은 경우도 아주 일부만 핫월렛인 거래소 내에 남기고, 많은 비중은 콜드월렛을 통해 보관하고 있다고 한다.

사실 거래소에 보관하는 암호화폐는 엄밀히 이야기하면 내 개인 지갑이 아니다. 거래소의 지갑에 담아두고 있는 것이다. 이에 블록체인 기반의 금융 서비스 유형 중 하나인 디파이 서비스(내가 가진 암호화폐를 맡기고 이자를 받거나, 대출을 받을 수 있는 서비스)를 이용하기 위해서는 거래소가 아닌 자신만의 별도 월렛을 준비해야 한다. 이때 핫월렛 또는 콜드월렛을 통해 자신만의 독립적인 지갑을 준비하면 된다.

한편 핫월렛이든 콜드월렛이든 그 어느 경우에도 반드시 잘 챙겨야 할 것이 있으니 그것은 바로 비밀번호를 잘 관리하는 것이다. 앞서 보여준 사례와 같이 비밀번호를 분실하거나 해킹을 당하면 나의 소중한 디지털 자산이 한순간에 사라져 버릴 수 있기 때문이다.

업비트의 경우 카카오톡 인증과 연동되어 있기 때문에 카카오톡 비밀번호를 주기적으로 변경하는 것이 좋으며 업비트 어플에서 자체 제공하는 버전 업데이트도 충실히 잘 따라주면 좋다. 그리고 거래소 보관이 아닌 별도의 지갑을 이용해 디지털 자산 관리를 할 경우 지갑 생성시 제공되는 복구 번호를 잘 보관하는 것이 매우 중요하다. 콜드월렛의 경우 기기가 망가지거나 분실되었을 때도 복구 번호만 잘 보관하면 내 디지털 자산을 지키는데 아무런 문제가 없다.

내가 가장 크게 얻은 그것, 유연한 사고

by 시역과의

어떤 것을 말하기에 앞서 보혜샘으로 부터 가장 크게 얻었던 것이 무엇이냐고 묻는다면? '유연한 사고를 가지게 된 것'이라고 말하고 싶습니다. 물론, 모든 투자의 기본 원칙, 희소성과 원재료에 대한 중요성을 뇌에 깊이 각인한 것은 기본적으로 따라오는 것이지만, 보혜샘을 통해서 저는 유연한 사고를 가지게 된 것, Brain Break를 강조하고 싶습니다.

지금도 많은 이들이 이전에 나와 같이 제한된 지식으로 세상을 재단하고 판단하면서, 나의 선택이 기준점이라는 생각을 버리지 못하고 있음을 왕왕 보게 됩니다. 하지만 세상은 빠르게 변하고 있고, 그 기준을 본인한테 두는 꼰대 마인드가 나를 지배하고 있던 그 시점에 암호화폐라는 돌덩이를 과감히 내 머리에 투척해 주었습니다.

"쨍그렁"

영화 매트릭스를 본 사람들이라면 모두 기억하고 알고 있을 것입니다. 1, 2, 3편의 수많은 생각거리와 인상적인 대화가 많은데, 1편에서 모피어스는 네오에게 빨간약과 파란약을 설명하며 선택의 자유와 기회를 줍니다.

빨간약은 매트릭스 속에서 지금껏 살아왔듯이 현실에 안주하고 편안하게 살되 진실과 멀어지고, 파란약을 먹게 되면 매트릭스라는 거대한 진실을 알게 되며 그 진실 속에서 진정한 인간이 되기 위한 투쟁의 길로 들어서는 것.

방법의 차이였지만 암호화폐를 통한 세상의 변화를 접할 기회를 얻었고, 늘 이렇게 말씀합니다. "강요하는 것 아니에요." 물론, 난 강한 강요를 하지 않는 강요로 파란약을 선택하였고, 이후 한 동안은 꼬리에 꼬리를 무는 궁금증에 리스트업 하고 공부하면서 1개의 코인을 덜덜 떨며 보내 보기도 했습니다. 다른 사람들은 문제 없이 잘 하는 것 같은데, 나만 문제 있는 것이 아닌가 스스로 자책하며 암호화폐가 무엇인가를 뇌에 강제 주입하는 고통스러운 과정을 겪기도 했습니다. 하지만 그만큼 넓은 시야와 우물안의 개구리가 되지 않겠다는 오픈 마인드를 가지게 되었습니다. 이를 통해 유연한 사고를 가지게 된 것을 가장 큰 수확으로 생각하며, 이 글을 통해서 감사한 마음을 전하고 싶습니다. 아울러, 암호화폐로 달려가는 세상의 뉴비들에게 말하고 싶습니다. 공부하지 않고, 준비되지 않았다면, 조급한 마음을 누르고, 내가 무엇을 모르는지부터 확인해보기를~

PART

5

암호화폐 투자에서
실패하지 않는 황금법칙 3가지

'이것만 알아도 무조건 큰돈 번다!'

평단보다 중요한 건 개수?
개수 모으기에 집중하라!

"언제 들어가는 게 좋을까요?"

암호화폐 투자를 시작할지 말지 그리고 무엇을 사야할지까지
공부한 수강생들은 그 다음으로 언제 매수하면 좋을지를 고민하기
시작한다. 이왕이면 조금 더 싸게 사고 싶은 마음, 그것은 투자를
통해 돈을 벌고 싶은 사람들이라면 누구나 바라는 바일 것이다.

> 코린이라 자꾸 갯수보다 금액에만
> 눈이 가네요~^^;;
>
> 오전 8:43

비트코인 2년 만에 흙수저 졸업했습니다.

그러나 암호화폐 시장과 같은 초기 시장에서는 접근 방법을 조금 다르게 가야 한다. 이제까지 오른 것보다 앞으로 오를 폭이 더 높은 초기 시장에서는 '얼마에 샀느냐'보다 '몇 개나 샀느냐'가 훨씬 더 중요하다. 가격이 조금 올랐을 때는 싸게 산 것에 더 집중하겠지만 엄청나게 오르고 나면 얼마에 샀는지는 별로 중요하지 않다. 몇 개를 샀는지가 더 관심 있는 사안이 된다.

최근 테슬라 주식을 사 모으던 직장인이 약 100억 원이라는 큰 수익을 만들면서 은퇴한다는 기사가 뜨면서 세상을 놀라게 한 적이 있다. 지난 2012년 주당 8,000원에 약 2,000만 원을 처음 투자한 이후, 지속적으로 분할 매수를 해서 15,000주까지 테슬라 주식을 사 모았다. 분할 매수를 통해 약 10억 원 정도 투자를 했고 그게 10배 넘게 상승하면서 100억 원이 넘게 된 것이다. 그러는 동안 그가 산 테슬라의 매수 평단은 8,000원에서 63,000원까지 약 8배나 올라갔다. 오르는 가격을 보면서도 계속 매집을 했다는 것이다. 테슬라의 가치에 대한 엄청난 확신이 없이 이런 행동은 쉽게 나올 수가 없다.

테슬라 주식으로 백만장자 된 미국 남성 "39세에 은퇴"

2021년 01월 14일 09시 30분 댓글

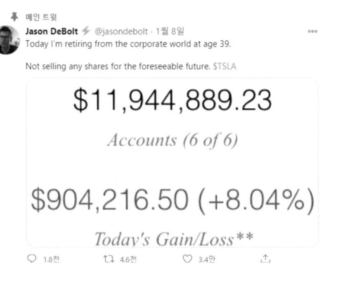

내가 만난 어떤 분은 비트코인이 평단 1,500만 원일 때부터 2,500만 원까지 20개의 비트코인을 사 모았다. 이분에게 누가 이런 질문을 했다.

"어떻게 매입한 가격보다 더 비싼 가격으로 살 수 있었나요?"

그랬더니 이분의 답은 이랬다.

"어차피 3억 원은 갈 건데 1,500만 원에 사나 2,500만 원에 사나 뭔 차이가 있어요!"

비트코인 2년 만에 흙수저 졸업했습니다.

그렇다. 이분은 비트코인의 향후 가치를 크게 보고 있었던 것이다. 그래서 처음 산 가격보다 비싼 가격에 사는 것에 대한 확신이 있었던 것이다. 지난 2018년 말, 우연한 기회에 비트코인보다 먼저 투자를 시작했던 이더리움. 2020년 이더리움은 50만 원을 넘어갔고 2021년에는 심지어 400만 원을 넘었다. 내가 매입한 이더리움의 평단은 약 12만 원. 최근 이더리움이 400만 원을 넘었다는 것을 감안하면 투자금 대비 40배가 넘게 오른 것이다. 조정을 받아 내려가도 3,000%가 넘는 수익률은 쉽게 깨지지가 않는다. 내 생애 3,000%가 넘는 수익률은 정말 처음이어서 믿기지가 않을 정도였다. 가격이 올라가면 올라갈수록 높아지는 수익률을 보며 그저 뿌듯하기만 했다. 매수 평단이 워낙 낮아 가격이 올라가는 것을 보면서 매수 평단이 올라갈까봐 추가 매수는 상상조차 하지 않았다.

그런데 어느 날 평단은 나보다 3배 정도 높은데(평단 30만 원정도) 개수가 나의 2배가 넘는 분을 만나게 되었다. 수익률은 내가월등히 높았지만 개수가 많으니 수익금은 그 분이 훨씬 많았다. 그걸 보면서 느낀 것이 있으니 그것은 바로 초기 시장에서 평단보다훨씬 중요한 것은 '개수'라는 사실. 여기서 개수란 결국 시드를 의미한다. 재미삼아 100만 원 투자한 사람과 과감하게 1천만 원 혹은 1억 원을 투자한 사람은 기대할 수 있는 결과가 다를 수밖에 없기때문에.

가령 이더리움 10만 원일 때 10개를 투자한 사람(100만 원)과 20만 원일 때 50개(1천만 원)를 투자한 사람이 있다고 치자. 투자금의 차이는 900만 원이지만 아래에서 보는 것처럼 가격이 올라갈수록 수익의 차이는 점점 더 크게 벌어진다는 것을 알 수 있다.

- 50만 원이 되었을 때 : 5백만 원 vs 5천만 원(-4,500만 원)
- 100만 원이 되었을 때 : 1천만 원 vs 1억 원(-9,000만 원)
- 200만 원이 되었을 때 : 2천만 원 vs 2억 원(-1억 8,000만 원)
- 400만 원이 되었을 때 : 4천만 원 vs 4억 원(-3억 6,000만 원)

수익률은 당연히 싸게 산 사람이 더 높다. 그러나 위에서 보는 것과 같이 이더리움 가격이 높아지면 높아질수록 평단은 별로 안 중요해진다. 얼마나 많은 개수를 가지고 있느냐가 훨씬 더 중요한 사안이 된다. 평단에 지나치게 집착했던 나는, 나의 최종 수익이 아니라 남들에게 보여주는 수익률에 더 치중했던 것이다.

실제로 이더리움이 400만 원을 넘길 줄 알았다면 10만 원에 사든, 30만 원에 사든 그것이 중요한 것이 아니었건만! 그렇게 나보다 평단은 높으나 더 많은 개수를 가진 투자자를 만나면서 평단에 대한 쓸데없는 고정관념을 과감히 버리게 되었다. 그리고 다른 암호화폐를 투자할 때는 가격이 오를 때도 훨씬 더 과감히 추가 매수

비트코인 2년 만에 흙수저 졸업했습니다.

를 할 수 있게 되었다. 내 머릿속에는 오로지 개수! 개수! 만이 중요하게 다가오는 계기가 되었다.

샀다 팔았다
하지 말란 말이야~

"일봉 차트 기준으로 전저점 깨고 추세 무너질 것 같아요."

"거래량이 너무 없어서 죽은 코인이네요."

암호화폐 시장은 얼핏 보기에 주식 시장과 많이 닮았다. 그래서 주식과 비슷하게 차트, 거래량 기준으로 특정 암호화폐를 평가하고 투자의 기준으로 삼는 사람들이 많다. 내가 아는 분 중에도 국내뿐만 아니라 해외 영상까지 다 챙겨보며 차트를 열심히 연구하는 분이 있다. 그래서 누구보다 차트에 대한 지식과 정보가 많은 분이다. 그러나 차트를 기준으로 하락장을 예상하고 모두 현금화를 하는 행동을 반복하다가 결국 개수만 잃게 되었다. 아이러니하게도 하락하거나 말거나 팔지 않고 가만히 가지고 있었던 내가 훨씬 수익률이 좋았다. 이런 상황을 여러 번 겪던 이분은 이런 이야기를 했다.

"이제 더 이상 차트는 보지 않을 겁니다."

그렇다. 암호화폐 시장과 같은 극초기 시장에서는 차트가 먹히지 않는다. 차트상으로는 분명 하락 추세였으나 갑자기 상승 패턴으로 바뀌기도 하고, 차트상으로는 분명 상승 추세였으나 갑자기 하락 패턴으로 바뀌기도 한다. 그래서 차트만 보고 접근한 사람들은 자신의 예상과 다르게 펼쳐지는 상황을 만나며 큰 손실을 입는 경우가 많다.

'고점에 팔아서 저점에 다시 줍는 것'

투자자들이라면 누구나 하고 싶어 하는 것이다. 그래서 가능한 더 큰 수익을 얻고 싶은 것. 그것이 인간의 본능이기 때문이다. 나 역시 처음에는 주식 시장에 익숙해져 있어 암호화폐 투자와 관련된 차트 얘기에 귀를 기울였던 적이 있다. 그러나 어느 차트 전문가의 말만 듣고 샀다 팔았다를 했다가 개수를 잃은 적이 한두 번이 아니다. 그 이후로 나는 웬만해서는 샀다 팔았다를 하지 않는다. 이런 경험을 바탕으로 내 수업을 들었던 많은 수강생들에게도 알려주었지만 인간이란 자기가 직접 경험을 해봐야 비로소 제대로 깨닫게 된다.

내 말을 듣지 않고 어느 차트 전문가의 말만 듣고 샀다 팔았다
를 반복했다가 큰 손실을 경험하며 후회하는 사람들이 한둘이 아
니다.

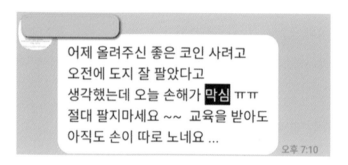

최근 암호화폐 투자에 발을 들인 사람들이 많아지고 있다. 주
위에 암호화폐로 돈을 벌었다는 사람들이 많아졌기 때문이다. 그
러나 이중에는 암호화폐 시장의 가치에 대해 제대로 된 이해 없이
눈앞에 보이는 이익에 눈이 멀어 시작한 사람들이 대다수다. 그래
서 특별한 기준없이 남들이 좋다는 암호화폐에 무작정 투자했다
가 오르지 않거나 내려가면 견디지 못하고 팔아버리는 경우가 부
지기수다. 확신이 없으니 큰돈을 베팅할 수도 없고, 확신이 없으니
버티지도 못하는 것이다. 투자에서 정말 중요한 요소인 어느 정도
의 '베팅+기다림'에 대한 조건을 만족시키지 못하니 큰돈을 벌기

가 쉽지 않다. 이렇게 좋은 상승장에서도 손실을 보는 끔찍한 경험을 하게 된다.

"샀다 팔았다를 하면서 개수를 늘렸다고?"

그건 실력이 아니라 우연일 뿐이다. 저점, 고점의 타이밍은 신도 모른다. 더욱이 샀다 팔았다가 습관이 되면 충분히 기다릴 수 없는 무서운 결과를 얻게 된다. 샀다 팔았다는 결국 욕심의 영역이다. 조금 더 먹어보겠다고 욕심을 부리는 것이다. 나 역시 그랬다. 남들은 못해도 나는 잘할 줄 착각했다. 물론 그것을 정말 잘하는 사람도 있다. 그러나 확률적으로는 그것을 잘해서 더 이익을 보는 사람보다 오히려 더 손해를 보는 사람이 많다. 그냥 가만히 있으면 중간 이상 갈 것을 군이 왜 개수를 잃는 위험한 모험을 하려고 하는가? 그럼에도 불구하고 경험해봐야 알겠다면 직접 해보기를!

빨간색일 땐 관망?
파란색에 진입하라!

Ⓑ

"어쩌죠 물렸어요~"

주식, 암호화폐 시장에서 자주 듣게 되는 안타까운 사연(?)들
이다. 그런데 이런 사람들의 행동을 가만히 살펴보면 소름끼치는
공통점이 있다. 그것은 바로 가격이 낮을 때는 쳐다보지도 않다가
가격이 급격히 올라가기 시작하면 그때서야 관심을 가지고 진입을
한다는 것이다. 이것이 바로 투자에서 돈을 벌고 싶은 사람들이 꼭
기억해야 할 대중들의 심리이다. 다음의 그림은 어느 트위터가 올
린 것으로 그런 대중들의 심리를 너무나 잘 표현하고 있다.

비트코인 2년 만에 흙수저 졸업했습니다.

소위 세력들이라고 하는 이들은 이런 대중들의 심리를 너무나 잘 알고 있다. 그래서 대중들이 관심없을 때 눈치채지 못하게 야금야금 매집을 한다. 그리고 어느 날 호재라는 것을 핑계로 급등을 시키면서 대중들을 유혹한다. 그리고 대중들이 들어오면 보란 듯이 악재라는 것을 핑계로 급락을 시켜 버린다. 그래서 많은 대중들은 이렇듯 세력들이 돈 버는 큰 그림의 희생양이 된다. 지난 2월 비트코인 결제 허용이라는 호재로 급등한 페이코인은 200원 정도였던 것이 하루 만에 5,000원을 넘으며 대중들의 큰 관심을 받게 된다. 페이코인이 정작 200원을 그렇게나 오래 횡보할 때는 전혀 관심도 없던 대중들은 페이코인이 2,000원을 넘고 3,000원을 넘고 4,000원이 넘어가는 그 시점에 서로 올라타겠다며 난리였다. 그래서 4,000원을 넘어 5,000원에 물린 사람들이 속출했다.

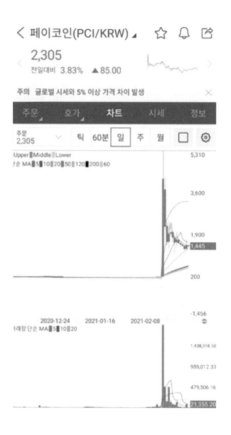

주식에서 급등하는 종목은 조심해야 한다는 말들을 많이 한다.
그러나 국내 주식은 최대 상한/하한선이 30%로 딱 정해져 있다.
한편 상한/하한선에 제한이 없어 변동폭이 엄청난 암호화폐 시장
에서는 꼭지에 잘못 물리면 하루 만에 투자금의 반토막이 나는 일
은 그리 어려운 것이 아니다. 이에 급등하는 암호화폐에 들어가는
것은 더욱 더 조심해야 한다.

그래서 나는 수강생들에게 이런 얘기를 해준다.

비트코인 2년 만에 흙수저 졸업했습니다.

"빨간불에는 웬만하면 들어가지 마세요. 파란불에 들어가는 겁니다."

이 말은 단순히 하락했을 때 들어가라는 말만 의미하는 것이 아니다. 남들이 관심가지지 않는 저가의 암호화폐에 관심을 가지라는 의미이기도 하다. 그러나 이것은 말이 쉽지 그리 쉽게 할 수 있는 일은 아니다. 이것이 없다면 말이다. 그것은 바로 '근거'이다. 지난 1월부터 나의 암호화폐 강의를 들었던 수강생은 이런 이야기를 했다.

"암호화폐를 시작한 이후로 저의 새로운 인생이 시작되었습니다. 선생님께서는 논리적이고 타당한 근거들로 막연한 투기가 아닌 투자가 무엇인지 알려주었습니다. 그 과정에서 제가 이전에 했던 것은 투자가 아니라 투기였다는 것 또한 깨달았습니다."

그렇다. 내가 투자하려는 대상이 어떤 가치가 있는지, 그래서 지금의 가격이 싸다는 나만의 '근거'가 있다면 하락장에서도 혹은 남들이 관심가지지 않아 바닥을 기고 있는 상황에서도 용기 있게 베팅할 수 있다. 상승장에서 추격 매수를 하거나 최근에 이미 많이 오른 암호화폐에 들어가게 되면 이게 언제 떨어질까 불안할 수밖에 없다. 그러나 하락장에서 혹은 바닥을 기고 있는 상황에서 매수를 하면 떨어지더라도 타격이 덜하고 오히려 올라갈 것에 대한 기대가 더 커진다. 그래서 실제로 남들보다 더 큰 수익을 얻을 수 있는 가능성이 높아진다.

내가 지난 2월초에 매수를 시작한 어느 암호화폐는 그때 당시 60원 대를 몇 주 동안 벗어나지 못하고 있었다. 그 암호화폐는 급등하는 많은 암호화폐들 사이에서 심한 소외감을 느끼게 했던 암호화폐 중 하나였다. 그러나 나는 나만의 '근거'가 있었고 그래서 70원을 넘어가기 전에 그 암호화폐를 지속적으로 추가 매수했다. 특별한 '근거' 없이 저가 코인이라며, 호기심에 우연히 매수한 사람들은 나와 비슷한 평단에 들어갔음에도 불구하고 100원, 200원을 넘어가자 매도하는 사람들이 많았다. 그러나 '근거'를 가지고 투자한 나는 그 암호화폐가 최근 고점 기준으로 800원을 넘어가며 매수가의 10배가 훌쩍 넘는 수익을 맛볼 수 있었다. 그냥 남들이 관심 갖지 않는 저점에 꾸준히 매집했을 뿐인데 900만 원 정도의 투자금은 2달 만에 1억 원이 넘는 자산으로 불어나 있었다.

비트코인 2년 만에 흙수저 졸업했습니다.

에필로그

1970년대 강남 땅,
1990년대 닷컴 버블 기회를 놓쳤는가?
암호화폐 시장은 절대로 놓치지 마라!

진짜 땅 부자들은 100원, 200원일 때 땅을 사 모은 사람들이다. 가치 있는 것을 싸게 사면 폭락 할아버지가 와도 두려울 것이 없다. 최근 7천만 원을 넘은 비트코인을 천만 원 아래일 때 사 모은 사람들은 앞으로 어떤 폭락이 와도 걱정이 없다. 저점에서는 내려갈 깊이가 크지 않지만 고점에서는 내려갈 곳이 깊다. 이에 다소 많이 오른 상태에서 산 사람들은 조금만 가격이 떨어져도 안절부절한다. 여기서 팔지 않으면 훨씬 더 큰 손해를 볼 수 있기 때문에. 그래서 손절(손해를 보고 파는 것)이 정말로 중요할 수 있다.

지금 암호화폐 시장은 작년에 비해 많이 올랐지만 여전히 저점이다. 이것은 이 시장의 가치를 제대로 보지 않는다면 절대 알 수가 없다. 책 내용에서 수없이 강조했던, 이 시장은 초기 시장이기 때문에.

비트코인 2년 만에 흙수저 졸업했습니다.

누군가는 그냥 잠깐 스쳐지나가는 유행 같은 것으로 비트코인 그리고 암호화폐 시장을 바라볼지 모르겠다. 그래서 수익이 나도 불안해서 언제 팔아야 할지 노심초사하고 있을지도 모른다. 비트코인이 생긴지 이제 10년. 아직도 많은 사람들이 어색하고 낯설고 심지어 거부감마저 느끼는 이 시장은 여전히 초기 시장의 특성을 그대로 가지고 있다. 과거 인터넷 시장이 성장했던 것처럼 암호화폐 시장은 아직도 나아가야 할 길, 그래서 그 가치가 올라갈 길이 한참이나 멀었다. 그것이 끝이 아니다. 인터넷 시장을 기반으로 페이스북, 트위터 같은 수많은 부자 기업들이 탄생했듯 비트코인 그리고 암호화폐를 기반으로 한 다양한 부자 기업들이 탄생하게 될 것이다. 이에 우리는 지금 암호화폐 그 자체뿐만 아니라 암호화폐를 기반으로 탄생할 다양한 기업들 그리고 그들이 내놓는 상품/서비스에도 투자할 기회를 얻게 된다는 것이다.

어차피 주사위는 던져졌다. 주변 사람들이 무슨 생각을 하든, 신문 기사에서 어떤 기사를 내보내든 크게 중요하지 않다. 큰돈을 움직이는 기관들의 움직임은 시작되었기 때문이다. 마이크로스트래티지, 테슬라를 시작점으로 수많은 기업들 그리고 월가에 있는 수많은 금융 기관들이 비트코인을 자산의 일부로 편입하고 있다. 그러면 개인들도 이런 시대의 흐름을 더 이상 부정할 수 없게 된다. 실제로 비트코인 부자 기업으로 알려진 마이크로스트래티지는 최근 비트코인 교육 사업을 시작했다. 그 목적은 다음과 같다.

'전 세계 모든 이들이 비트코인을 살 때까지 무료 교육~'

이런 기관들의 큰 그림 아래에서 전 세계 사람들은 언젠가 모두 비트코인을 보유하게 될 것이다. 금이 그랬던 것처럼. 누가 언제, 얼마에 사느냐의 이슈만 남아 있다. 여러분들은 얼마에 비트코인을 살 것인가?

일전에 만난 어떤 분은 이런 이야기를 했다.

"암호화폐 시장에서 100만 원으로 100억 원 만드는 일은 그리 어려운 일이 아닙니다. 100만 원으로 100배 되는 암호화폐를 2번만 만나면 됩니다. 너무 쉽죠."

100만 원이 100배가 되면 1억 원, 그 1억 원이 다시 100배가 되면 100억 원이 된다는 것이다. 100배라는 수익률을 이렇게 아무렇지도 않게 이야기할 수 있는 이유, 그것은 이 시장이 '초기 시장'이기 때문이다.

암호화폐 시장은 내게 마치 1970년대 시절의 땅을 사는 쇼핑몰처럼 느껴진다. 암호화폐 시장에는 아직도 100원짜리 200원짜리 땅들이 많다. 그래서 나는 전국의 땅을 사 모으듯 그렇게 암호화폐를 모아

가고 있다. 인터넷 시대가 열리면서 큰 부를 거머쥔 사람들처럼 나 역시 디지털 화폐 시대가 본격적으로 열리며 큰 부를 거머쥘 기회임을 믿어 의심치 않는다.

"1970년대 강남 땅의 기회를 놓쳤는가?"

"1990년대 닷컴 버블의 기회를 놓쳤는가?"

"2021년 암호화폐 시장의 기회는 절대로 절대로 놓치지 마라!"

강남 아파트 대신 비트코인에 미쳐라!
비트코인 2년 만에 흙수저 졸업했습니다.